OÁSIS
Construindo comunidades de Jesus

Sidney Costa

OÁSIS
Construindo comunidades de Jesus

Principis

Esta é uma publicação Principis, selo exclusivo da Ciranda Cultural.
© 2023 Ciranda Cultural Editora e Distribuidora Ltda.

Texto
Sidney Costa

Editora
Michele de Souza Barbosa

Revisão
Fernanda R. Braga Simon

Diagramação
Linea Editora

Produção editorial
Ciranda Cultural

Design de capa
Ana Dobón
Philipe Rhaidan

Imagens
Macrovector/shutterstock.com;
K.Narloch-Liberra/shutterstock.com;
Peangdao/shutterstock.com

Dados Internacionais de Catalogação na Publicação (CIP) de acordo com ISBD

C837o	Costa, Sidney
	Oásis - Construindo comunidades de Jesus / Sidney Costa. - Jandira, SP : Principis, 2023.
	160 p. ; 15,50cm x 22,60cm.
	ISBN: 978-65-5097-096-3
	1. Autoajuda. 2. Brasil. 3. Bíblia. 4. Religião. 5. Evangélico. 6. Crença. 7. Cristianismo. 8. Vida. I. Título.
2023-1521	CDD 158.1
	CDU 159.92

Elaborado por Lucio Feitosa - CRB-8/8803

Índice para catálogo sistemático:
1. Autoajuda : 158.1
2. Autoajuda : 159.92

1ª edição em 2023
www.cirandacultural.com.br
Todos os direitos reservados.
Nenhuma parte desta publicação pode ser reproduzida, arquivada em sistema de busca ou transmitida por qualquer meio, seja ele eletrônico, fotocópia, gravação ou outros, sem prévia autorização do detentor dos direitos, e não pode circular encadernada ou encapada de maneira distinta daquela em que foi publicada, ou sem que as mesmas condições sejam impostas aos compradores subsequentes.

Dedico este livro…

À minha esposa, Kátia, e à minha família, que durante todos os anos de ministério viveram comigo de perto as inquietações, os desafios comuns nesta caminhada e que são sempre as primeiras a enxugar as lágrimas e a celebrar as vitórias.

À comunidade ibma, pessoas corajosas e amorosas, que foram trazidas por Jesus para um mesmo local para vivermos os sonhos que Ele tem para nós no mundo inteiro.

Agradeço a Deus, que chama, cuida, inspira, sustenta e nos dá o privilégio de sermos parte de sua missão.

Sidney Costa

No momento em que os pastores e líderes se mostram esgotados e frustrados com os modelos de crescimento de igrejas, Sidney Costa surpreende resgatando o antigo, mas sempre inovador evangelho de Jesus. Caem por terra os projetos pessoais, megalomaníacos e opressores, e percebe-se que nada, absolutamente nada, pode se sobrepor ao amor de Jesus por Sua Igreja e por aqueles que ainda não fazem parte dela. Oásis chega para desconstruir os anseios, até mesmo legítimos, de se buscar modelos de igrejas que crescem numericamente, para reconhecer que Jesus é o único que atrairá os que farão parte de nossas comunidades.

Oswaldo Prado, SEPAL

Não fico surpreso com mais este novo projeto do Sidney... é tudo o que eu sempre vi e ouvi dele. Acho que a surpresa está na sua decisão de colocar sua missão de vida em um único "tomo", de certa forma, perpetuando materialmente as mensagens que o Criador tem revelado a ele. Nas próximas décadas, as maiores cidades do mundo serão responsáveis por mais da metade do PIB mundial, com bilhões de habitantes vivendo concentrados. A Igreja – o grupo de pessoas que segue a Jesus Cristo – deve mudar radicalmente os seus próprios modelos e sua própria estrutura para continuar sendo relevante para a sociedade e para cada pessoa, individualmente. E nós, Seus discípulos e discípulas, neste contexto, teremos oportunidades para mostrar visivelmente a nossa devoção a Deus e o nosso amor ao próximo como nunca foi visto na história. Sidney não escreveu um livro, mas, sim, um "guia de viagem": o que você precisa levar para conhecer este futuro incrível que chegou ontem!

Carlos Nomoto
CEO WWF (World Wildlife Fund Brasil)

Cresci ouvindo histórias, algumas delas visitaram os meus sonhos, outras modelaram o meu crescimento. Neste livro você conhecerá uma história que tem habitado os sonhos de uma igreja e modelado sua vida ministerial.

OÁSIS

Estou seguro de que ela pode visitar os teus sonhos e te motivar para uma caminhada de obediência missionária – focada na pessoa de Jesus Cristo – e sensível a esta geração, a qual estamos chamados a alcançar. Deus abençoe tua leitura, e o visite em teus sonhos!

ZIEL MACHADO DIRETOR
Acadêmico do seminário Servos de Cristo

O pastor Sidney Costa nos brinda com este texto e, dentro do cenário da igreja brasileira contemporânea, propõe uma igreja nova para um mundo novo; uma igreja comprometida com a recuperação de pessoas e com a comunhão familiar. Precisamos criar espaço para esses novos desafios, a fim de que a igreja seja mais acolhedora e muito mais do que meramente uma agência de salvação da alma e de agitação dominical. Oásis é um livro que nos desafia a esta busca.

LOURENÇO STELIO REGA, PhD
Professor de Ética, Bioética e Filosofia da Religião e
Diretor da Faculdade Teológica Batista de São Paulo

"Anos atrás, conversando com Elza, minha esposa, disse-lhe que gostaria de trabalhar em uma equipe pastoral onde eu pudesse partilhar nossas experiências ministeriais.

Alguns domingos atrás, vindo de uma conhecida igreja tradicional, uma senhora recém-chegada a Alphaville disse que a união dos membros da equipe pastoral chamara a sua atenção e a de seu marido. Não notara tensão na equipe. Companheirismo, partilha, cooperação, participação no ministério de cada um. Resultado de uma liderança firme, focada, direcionada para oferecer a melhor atenção possível aos membros e visitantes de nossa Igreja e, por meio disso, glorificar a Jesus Cristo, nosso Salvador e Senhor. A liderança do Pastor Sidney Costa é aceita porque não é tirânica, mas guiada pelo olhar constante para Cristo, aprendendo com Ele como fazer, a fim de que, tendo aprendido, possamos colocar rapidamente em prática o apelo de Jesus: "vinde a mim..." Celebrarmos juntos a Graça de Deus tem sido uma grande alegria, uma vez que é possível perceber onde o Pastor Sidney vai buscar os recursos para conduzir a Igreja, ao mesmo tempo que estimula todas as pessoas a sua volta para que façam o mesmo. O Evangelho, então, torna-se atraente e desejável. O resultado: temos que comprar cadeiras. Urgente."

CARLOS BARCELOS
Pastor na IBMAlphaville, representante do
Celebrando a Recuperação para o Brasil

Sidney Costa é um pastor antenado com o nosso tempo, mas que preserva a essência do Evangelho na sua vida e no seu ministério. Seu livro é uma narrativa honesta da sua trajetória pastoral, na busca incansável de uma igreja que seja ao mesmo tempo leve, profunda e funcional. Leitura obrigatória para líderes e pastores.

NEUBER LOURENÇO
Pastor sênior da Igreja Batista da Orla de Niterói

A capa do livro e seu título certamente já despertaram a sua curiosidade. Estou certo de que sua leitura será realizada em "tempo recorde" e lhe dará uma visão abrangente e profunda sobre a razão de ser de uma comunidade cristã contemporânea e contextualizada. Uma comunidade que age em todas as faixas etárias e contribui fortemente para o entendimento das incoerências de comportamento do mundo atual.

Cristo realizou a sua missão terrena da mesma forma, sempre ao lado das pessoas, propondo soluções simples para os problemas do cotidiano e colocando desafios para viver uma vida plena e contributiva. Recomendo. Usufrua!

CARLOS FERNANDO DAMBERG
Consultor em gestão de pessoas e grupos, escritor.

Sumário

Prefácio 15

Introdução 17
    Origem pessoal 17
    Trajetória ministerial 18
    A experiência em Alphaville 20

A igreja e a cidade 27
    A cidade 28
    A pós-modernidade 30
    O secularismo 32
    Igreja relevante 33

Paradigmas 35
    Igreja tradicional 36
    Igreja neopentecostal 37
    Igreja focada em Jesus 39

Espiritualidade 45
    A fonte 47
    O ramo 50
    O fruto 51
    Ambiente 53

Recuperação 55
    A visão holística do ser humano 57
    O doente e as doenças 58
    O remédio 60
    O Processo 64

Missão 71
Missio Dei 72
O pacto de Lausanne 75
O campo 76
O missionário 77
Sucesso da missão 77

Gerações 81
Conteúdo e cognitivo 84
Focos da prioridade 86
A integração das idades 90
Nativos digitais 92
Geração Y 93
Geração X 94
Baby Boomers 95

DNA 99

Liderança 107
Visional 107
Horizontal 109
Multigeracional 111
Coletiva 112
12 "cês" 113

Mobilização de pessoas 119
O Big Picture 120
A canoa em movimento 121
O recurso disponível 121
A atenção 122
O exemplo 122
A fé 123
Os fortes 123
Sofrimento 124
Um a um 124
A gratidão 125
A festa 125

Margens do rio 127
    Uma igreja nova para um mundo novo 128
    Generosidade 129
    O que está fora de ordem? 130
    Depressão existe? 132
    De um local para o mundo 133
    Ganhar sem perder 134
    Um mundo em transformação 135
    Que Cristo você conhece? 136
    Revolução 137
    Todos precisamos de recuperação 138
    Emoções: o que você pode fazer com elas 140
    Famílias que funcionam 141
    Vivendo em comunidade 142
    Gente normal – até de perto 143
    A felicidade de estar na direção certa 145
    Vida "In": a vida de dentro para fora 146
    Tempo de oportunidades 147
    O amor em ação 149
    A dor de ser homem 150

Por onde começar 155
    Comece pelo fim 156
    Você tem tudo o que precisa 156
    Firme os paradigmas 157
    Compartilhe sonhos e encontre seus parceiros na caminhada ... 157
    Pé na estrada 158

Leituras que influenciam 159

Prefácio

Nos meus 40 anos de ministério, tive o privilégio de conhecer alguns dos melhores líderes evangélicos dos EUA e do Brasil e trabalhar com eles. Todos eles são apaixonados por Jesus e têm o coração aberto para ganhar pessoas para Cristo e discipulá-las.

Posso dizer com convicção que Sidney Costa se destaca entre esses líderes e que sua paixão por Jesus e pelas pessoas é impressionante. É fácil seguir esse tipo de líder porque ele é, acima de tudo, um seguidor de Jesus! Seu alvo é que o holofote foque sempre Jesus!

O título deste livro – *Oásis* – capta a visão do Sidney para a nossa comunidade. Ele acredita que Jesus começa a trabalhar bem antes de nós na vida das pessoas; assim, o nosso papel é criar espaço para quem Jesus trará. A ideia de criar espaço para permitir a ação de Jesus na vida das pessoas mantém a nossa comunidade na expectativa do que *Jesus* faz, não no que *nós* fazemos. Como diz o autor: "O nosso papel é não atrapalhar o que Jesus quer fazer!"

O maior desafio que a Igreja evangélica enfrenta hoje é uma questão de fé, não de modelos de igreja. A questão é: "Será que Jesus é suficiente?"

Se a resposta for "não", um bom líder irá atrás daquilo que Jesus não é ou não está fazendo. Se a resposta for "sim", um bom líder descansará e cooperará somente com Jesus. Em outras palavras, o líder que realmente crê que Jesus é tudo comprará cadeiras vazias em vez de modelos prontos.

É muito provável que os pastores e cristãos evangélicos digam que Jesus é suficiente. No entanto, o modelo de igreja que adotam fala por si mesmo. E nesse sentido é possível perceber pelos modelos eclesiásticos que muitos líderes na Igreja evangélica acreditam que o ministério é JESUS+. Sidney Costa diz neste livro que o ministério é somente JESUS.

De maneira clara, honesta e com o foco somente em Jesus, o autor conta a história de uma comunidade que decidiu priorizar o apoio a Jesus em detrimento de modelos e métodos. A comunidade decidiu "comprar cadeiras" – "criar espaço" – porque reconhece que Jesus está em ação bem antes de a pessoa chegar ao nosso convívio.

Assim como já passou comigo, talvez chegue o momento em que o líder de uma igreja questionará a suficiência de Jesus. Por isso, creio que muitos líderes sinceros e autênticos necessitam ouvir a mensagem deste livro: Mantenha o FOCO em Jesus!

Eles devem ouvir que Jesus não foi embora. Precisam saber que quem deseja cooperar com Jesus deve criar espaços para receber as pessoas com quem ele está trabalhando há muito tempo. Sidney Costa e sua comunidade resolveram não comprar um modelo Jesus+. Resolveram comprar cadeiras vazias e estão vendo Jesus preenchê-las com pessoas que ele ama e que nos convida a amar também.

CARLOS McCORD
Pastor associado da Igreja Batista Memorial de Alphaville, Barueri, SP
Presidente do Ministério Permanecer

Introdução

> Deus, envia-me para qualquer lugar, desde que vás comigo. Coloca qualquer carga sobre mim, desde que me carregues, e desata todos os laços de meu coração, menos o laço que prende o meu coração ao teu.
>
> David Livingstone

Origem pessoal

Certo domingo, o menino foi procurado pela professora da escola dominical, que lhe fez uma proposta: "Se você ficar quieto no culto por quatro domingos, vai ganhar um presente".

Nos domingos subsequentes, a criança hiperativa que mobilizava os amigos para a bagunça na classe, que de impaciência chegara a rasgar a Bíblia de uma das professoras, que fazia os diáconos correr para pôr ordem no grupo de meninos que insistiam em ficar fora do culto, ficou supercomportado; chegava à igreja e dormia encostado na mãe.

Passados os quatro domingos, esperou com alegria o presente, que, por esquecimento da professora, não chegou. Sem demora, ele procura a professora e lhe diz: "Já passaram os quatro domingos, e estou voltando a fazer bagunça".

Essa é uma das minhas experiências de infância na igreja onde fui criado. Nasci em uma família evangélica presbiteriana, na quarta geração que professava sua fé em Jesus. Eu me converti aos 11 anos de idade e desde essa época sempre estive envolvido no trabalho da igreja.

Participei de muitas escolas bíblicas de férias, as antigas EBFs; liderei adolescentes e jovens e estive envolvido com música desde criança; servi no diaconato da igreja e sempre estive à frente dos movimentos comunitários da minha época, onde quer que os evangélicos da cidade estivessem envolvidos em algum projeto para o alcance da região. Tudo isso me permitiu conhecer cada passo do funcionamento de uma igreja tradicional.

Na vida profissional, estudei eletrônica; com 17 anos, fui emancipado pelo meu pai e abri uma empresa; aos 18 anos, casei-me com Kátia; aos 20, tivemos Marina, nossa primeira filha; aos 22, chegou Rachel. Em seguida, recebi o chamado para o ministério e ingressei na Faculdade Teológica Batista de São Paulo para cursar o bacharelado em música sacra; terminado o curso, fui convidado para ser professor, estudei teologia e aconselhamento. Foi nessa instituição que obtive a base da minha formação para o ministério na igreja local. Ana Laura, a nossa última filha, nasceu quando eu tinha 30 anos.

Sempre estive envolvido nas atividades eclesiásticas e conheço bem a realidade das igrejas históricas. Aprendi com solidez os fundamentos da fé, cresci lendo a Bíblia e vendo Deus agir na vida das pessoas que me cercavam. Recebi a "fé dos antigos" e sou grato a Deus por ver essa fé fluindo de geração em geração.

Trajetória ministerial

Em 1996, concluí o curso na Faculdade Teológica, fui batizado por imersão e ordenado ao ministério na Igreja Batista Sião, em São José dos

Campos. Nesse mesmo ano, deixei a empresa em que trabalhava, por entender que o meu ministério devia ser de dedicação integral. Foi um tempo de transição familiar e de diversos ajustes na nossa caminhada. Mas era apenas a nossa primeira experiência ministerial.

Nessa igreja, tive a oportunidade de conhecer muita gente e de me tornar amigo de pessoas muito especiais, com as quais até hoje nos relacionamos como família. Além disso, tive a oportunidade de me envolver na denominação batista, especialmente com a Junta de Missões Mundiais da Convenção Batista Brasileira, a empreender coisas no Reino de Deus e a me desenvolver musicalmente. A igreja era muito ativa na adoração e apreciava a boa música, e foi a partir dela que mobilizamos 44 igrejas do Vale do Paraíba para um concerto evangelístico na cidade, na ocasião do Natal, quando reunimos 980 coristas acompanhados por uma orquestra de 200 músicos. O público de 12 mil pessoas nos ouviu cantar sobre Jesus em um parque da cidade!

Nesse tempo, também comecei a fazer viagens missionárias. Dediquei 40 dias em Angola em apoio à missionária Analzira; 25 dias na República Dominicana, com as missionárias Carmen Lígia e Ana Lóide (esta já está no céu com Jesus).

O trabalho com os jovens nessa época era muito intenso, e hoje vemos o fruto de uma geração de homens e mulheres dedicados ao Reino. Foi um tempo muito especial.

Em 1998, fui convidado para ser o ministro de música na Primeira Igreja Batista de São José dos Campos, onde permaneci até julho de 2005. Em São José dos Campos, foi possível expandir o que começamos no ministério anterior. Fiz novos amigos; expandimos e consolidamos os concertos de Natal na cidade local; começamos um movimento que hoje se espalhou pelo Brasil com o Auto de Páscoa; realizamos durante anos o LOUVALE, que reunia, de dentro e fora do Brasil, diferentes estilos de louvor, adoração e artes na igreja, e que influenciou igrejas por todo o Brasil.

Nessa época, conheci parte da equipe pastoral da Igreja Saddleback, que me ajudou a revisar o modelo eclesiástico que eu tinha em mente, e aprendi muito. Os cultos da igreja tornaram-se mais atrativos aos sem igreja; o processo de discipulado e cuidado pastoral tornou-se intencional; e aprendi que a missão de falar do amor de Jesus é para todos, em todo lugar, exercendo cada um seus dons. Tive a alegria de fazer parte de uma equipe incrível que foi muito usada por Deus; servimos ali com alegria até chegar a hora de seguir para a etapa seguinte.

Em agosto de 2005, cheguei à Igreja Batista do Morumbi, onde ficamos até outubro de 2009. Esse tempo foi muito importante para ver do "lado de dentro" uma igreja que havia inovado a cultura evangélica brasileira nos anos 1980, que havia estabelecido paradigmas na adoração e nas missões, e que havia criado um novo jeito de ser igreja por meio da liderança do pastor Ary Veloso, um dos pastores que mais admirei, por sua humildade, ousadia e convicções como líder. Nessa comunidade, mobilizamos muitas pessoas por meio da arte; tivemos muitas oportunidades de evangelizar pessoas, mas também aprofundei conhecimentos sobre a missão integral e entendi melhor como funciona a mente da classe média alta; em particular, a minha família e eu tivemos a oportunidade de conhecer e nos adaptar à vida em uma metrópole por um período de quase cinco anos. Em outubro de 2009, chegava o momento de dar outro passo.

A EXPERIÊNCIA EM ALPHAVILLE

Nesse momento, começa a fase que me proporcionou experiências profundas com Deus, através das quais pude implementar o modelo de comunidade que Deus foi pondo no meu coração ao longo dos treze anos de ministério anteriores à minha chegada em Alphaville.

A minha primeira conversa com o grupo de Alphaville foi em abril de 2009, quando conheci quatro homens que faziam parte da liderança da igreja naquele momento. Tratava-se de uma igreja com 3 anos de formação e sem pastor. Todos eles, movidos pela convicção de que Deus queria usá-los em Alphaville e com a responsabilidade de serem líderes do grupo, foram buscar um caminho para que a igreja pudesse prosseguir.

Nesse período, eu era o gestor ministerial da Igreja Batista do Morumbi. Durante dois meses, procurei oferecer-lhes consultoria, desenhando juntos o que seria uma igreja bíblica pós-moderna, cuja finalidade seria alcançar o público secularizado. Feito o projeto, perguntaram-me se eu poderia ser o pastor, ao que de imediato respondi negativamente, frente aos compromissos já assumidos na igreja onde servia.

O grupo de Alphaville, então, iniciou a busca por um pastor que pudesse implementar o projeto de uma igreja que eles entendiam ser deles também. Em junho de 2009, Deus mudou o meu coração, e eu entendi que era hora de deixar a igreja onde estava. Mas para onde ir? Na minha mente, havia quatro opções: podia ficar, pois ninguém estava me mandando embora; podia voltar para a minha cidade de origem; podia buscar uma oportunidade em outras cidades do Brasil; podia plantar uma igreja. Descartei a última opção, mas foi ela que Deus fez crescer no meu coração. Procurei os irmãos de Alphaville para saber como estava o processo, e eles me disseram que podíamos conversar, pois ainda continuavam buscando um pastor. Em agosto de 2009, recebi o convite para assumir a igreja e começar a plantação de uma "nova igreja" a partir daquele grupo. Isso aconteceu em outubro de 2009.

A Igreja Batista Memorial de Alphaville completava, em 2009, 3 anos de existência; contava com 80 membros e com um grupo de 50 pessoas participando das atividades. Era uma igreja que começara com 13 pessoas na casa de um casal da comunidade; eles haviam se expandido e se organizado, mas não haviam atingido como gostariam a comunidade em que estavam inseridos.

Decidimos fechar os três capítulos daquela história e começar uma nova a partir do capítulo 4. Quando estive com eles para a consultoria, havia feito uma pergunta: "Se esta igreja fechasse hoje, ela faria falta para a comunidade de Alphaville?". A resposta foi: "Não, pois ninguém nos conhece. Ela faria falta para nós, mas não para a comunidade".

A partir daí, começamos a construir uma igreja focada em Jesus, cujo princípio norteador é amar e influenciar as pessoas que Ele ama. O meu sonho de igreja se encaixava naquele momento com o sonho de um grupo pequeno que estava disposto a ser instrumento de Deus para alcançar a comunidade.

Comecei com esse grupo em uma sobreloja, um local que considerávamos inadequado para os passos que queríamos dar, mas no qual tínhamos que permanecer até o final do contrato de locação. Durante os seis meses que se seguiram, dedicamo-nos em ensinar e estabelecer o que seria a base dessa nova igreja.

Mudamos o estilo de culto, iniciamos os pequenos grupos, revitalizamos o espaço e a dinâmica do trabalho com as novas gerações, iniciamos o processo de ser uma comunidade comprometida com a recuperação de pessoas, reorganizamos a equipe de líderes (ou seja, deixamos de ter a escolha eletiva de pessoas para os cargos e passamos a permitir que as pessoas servissem em áreas nas quais se identificassem segundo a paixão e os dons espirituais que manifestassem). No nosso primeiro culto juntos, convidei para pregar o pastor amigo e mentor Bud Mccord, que, juntamente com três casais, decidiu juntar-se ao grupo e apoiar nossa pequena igreja na construção de um sonho.

Entre outubro de 2009 e abril de 2010, esforçamo-nos para trazer de volta alguns parentes afastados dos membros e pessoas que tinham o desejo de construir uma igreja com esse jeito de ser. Alguns membros do grupo inicial decidiram não começar essa nova fase, e assim seguimos adiante. Como não tínhamos ainda um escritório da igreja, eu usava um escritório emprestado e me encontrava com as pessoas da igreja, bem como com interessados em ouvir sobre o nosso projeto, nos cafés de Alphaville. Conheci quase todos os cafés e restaurantes, e firmamos boas parcerias com os que se uniam ao nosso projeto.

Em abril de 2010, mudamos para um espaço onde tínhamos melhores condições para as novas gerações e que podia receber 240 pessoas para as celebrações. Sua localização era mais visível, e a acessibilidade, adequada. Ali chegamos com 100 pessoas. A igreja era a mesma do modelo inicial. Foco em Jesus e nas pessoas que Ele ama; energia e tempo dedicados aos cultos, aos pequenos grupos, às novas gerações, à recuperação de pessoas e à missão segundo a qual cada um está nos lugares onde Deus nos mandar.

A liderança estava amadurecendo, e novas pessoas juntavam-se ao grupo. Começamos a fazer retiros para ouvir Jesus. Iniciamos os musicais e o projeto de esporte com adolescentes. Ampliamos o aconselhamento a famílias e pessoas que precisavam de apoio e intensificamos o convite aos sem igreja para que viessem conhecer Jesus. Foi um tempo de muito crescimento espiritual e engajamento. Do grupo inicial, três famílias deixaram a comunidade: uma por questão geográfica e duas porque não se adaptaram ao novo jeito de ser. Uma delas retornou há dois anos. Essa fase foi até junho de 2012.

Em 1º de julho de 2012, já com a família crescida, éramos 400 membros, começamos em uma nova sede com espaço para 1.200 pessoas no auditório e uma estrutura que nos permitia acolher os que Deus acrescentava a cada dia. Continuamos sendo a mesma igreja: focados em Jesus, realizando celebrações contagiantes, pequenos grupos, cuidando das novas gerações, comprometidos com a recuperação, amando pessoas fora da igreja nos lugares onde Deus nos havia posto. A liderança se organizou um pouco mais e amadureceu; juntos seguimos construindo a comunidade que estava nos nossos sonhos.

Hoje, 2015, somos 2.000 membros e temos uma frequência dominical de 2.600 pessoas. Somos uma igreja conhecida na região e temos acolhido e levado muitas pessoas a Jesus. Nos reunimos durante a semana em 50 diferentes pequenos grupos. Um grande grupo está envolvido no processo de recuperação por meio do projeto Celebrando a Recuperação. Apoiamos 20 projetos missionários que acontecem perto de nós e em outros lugares do mundo. Vemos uma geração crescendo, conhecendo Jesus e decidindo viver com ele.

Mesmo diante do crescimento, somos a mesma igreja inicial, com o mesmo DNA e o foco em Jesus. A nossa equipe ministerial cresceu, mas os líderes iniciais prosseguem conosco; alguns em suas mesmas funções, outros servindo em lugares que combinam mais com eles e onde Deus os usa melhor para abençoar pessoas. Temos um ambiente calmo. Os relacionamentos são fortes, e o nosso sonho de "ganhar sem perder" é uma realidade. Deus tem nos abençoado, e cada pessoa que traz é amada e acolhida, mas ele também tem nos ensinado a amar e cuidar dos que já estavam conosco. Embora sejamos uma comunidade com muitos membros, somos uma grande família que se relaciona em igualdade e amor. A igreja cresceu, mas continuamos normais. A nossa teologia é simples. O ambiente de adoração é contagiante, mas o foco não está em uma pessoa. Não deixamos a denominação, mas nos conectamos com o nosso tempo e com as novas gerações de uma forma que consideramos mais intensa e apropriada.

Muitos pastores e amigos têm me perguntado como foi esse processo e o que está por trás desse movimento. Já ouvi: "Que linha vocês seguem? Propósitos? Rede ministerial? MDA? E eu respondo: "Somos uma igreja batista normal, focada em Jesus que vive a essência da igreja descrita em Atos". Confesso que essa é a principal motivação de escrever este livro. Quero compartilhar as experiências, os conteúdos e pensamentos que norteiam a nossa caminhada e encorajar pastores e líderes de igreja a que edifiquem comunidades normais, simples, sem estrelismos nem mecanismos de controle, mas focadas em Jesus e dispostas a amar como Ele ama. Por muitas vezes, já me senti isolado, mas a cada dia o Senhor tem nos aproximado de homens e mulheres que têm o mesmo sentimento e disposição de ser relevantes e abençoadores – pessoas normais – e que fazem parte de uma sociedade para a qual a igreja evangélica veiculada pela mídia mostra-se por vezes esquizofrênica, gananciosa, carnal e muito distante da igreja que Jesus começou com seus discípulos.

Oásis

Antes de prosseguir, quero falar sobre o nome do livro. Em cada fase da igreja de Alphaville, sempre fez parte da nossa lista de necessidades um item em especial: "comprar cadeira". Sempre tivemos mais cadeiras do que o necessário. Quando éramos 40 membros, tínhamos 100 cadeiras; quando éramos 100, tínhamos 300 cadeiras; 400 membros, 900 cadeiras; e agora temos 4 horários de celebração e mantemos uma margem de cadeiras vazias... Cadeira vazia significa que temos espaço físico e espaço no coração para receber mais pessoas, para ir aonde elas estão e para apresentar-lhes o amor de Jesus, a fim de que estejam conosco, um dia. Acho que vou passar a vida comprando cadeiras!

Desejo que este livro, muito simples e escrito por alguém que não é escritor, encoraje você e suas convicções ministeriais, e que Deus, de alguma forma, o use para tocar o seu coração e abençoá-lo.

A igreja e a cidade

> A igreja é igreja somente quando ela existe para os outros.
>
> DIETRICH BONHOEFFER

Uma coisa que sempre me impressionou na vida de Jesus é que Ele viveu entre pessoas, deu atenção aos tipos mais diferentes da sociedade e se preocupou com pessoas que habitavam os lugares por onde ele passava, de cidade em cidade. Jesus ia até onde as pessoas estavam; não media esforços para tocá-las e transformá-las. Seu exemplo de atenção e amor com as pessoas me inspira.

A igreja que eu vivi na infância e na adolescência era bem parecida com Jesus. As pessoas eram cuidadas, os relacionamentos eram fortes, a palavra de Jesus era lida, explicada e vivenciada por nós. Tive bons exemplos de pastores na minha cidade; eram homens que de fato marcavam a vida da cidade, não somente o rebanho da comunidade local.

Parece que ao longo do tempo isso mudou. Mas o que mudou? A cidade? A mensagem? As pessoas? Creio que as cidades mudaram. Entretanto, o evangelho de Jesus não muda. Se ele estivesse presente fisicamente hoje, seria o mesmo Jesus, ensinaria o mesmo conteúdo e amaria como sempre amou.

O desafio da igreja hoje é interpretar o conteúdo de Jesus no contexto onde está. O foco é Jesus, e a "arena" onde falaremos de Jesus é o lugar onde Deus nos pôs.

A igreja de Jesus deve conhecer Jesus, amar Jesus, viver Jesus e repartir Jesus em cada lugar que ocupa na sociedade, com o objetivo de transformar essa sociedade.

Vamos entender um pouco mais da nossa realidade atual!

A Cidade

O mundo mudou muito nos últimos anos, dentro e fora do Brasil. As cidades evoluíram, e as pessoas vão mudando seu estilo de vida, por vezes de modo radical.

No Brasil, há 50 anos, 70% da população vivia nos campos; hoje a realidade é oposta. Mais de 80% da população vive nos grandes centros urbanos. Algumas das maiores cidades do mundo estão no nosso país, e a população tem características que a marcam neste novo tempo.

Uma pessoa urbana e seu contexto podem ser pensados da seguinte maneira:

- Suas pernas são os 4 pneus de seu carro.
- Seu cérebro é o computador, que está cada vez menor e inserido nas mídias.
- O meio de contato humano é o celular.
- Sua cultura é influenciada pelas novelas, apesar de dizerem que a arte imita a vida.
- O hedonismo impera nas relações interpessoais desenvolvidas em quase todos os ambientes.

- A definição de honestidade mudou para enganar e se dar bem.
- O deus da sociedade atual é o dinheiro.

A vida comunitária no contexto urbano também mudou:
- As casas estão sendo edificadas em um sistema que protege as pessoas, mas elas se alienam da realidade; um bom exemplo são os condomínios, verticais e horizontais, que não param de ser procurados por quem busca segurança, apesar de muitas vezes isolar as pessoas do mundo real.
- A vida está cada vez mais rápida. A internet acelerou esse processo, e a sensação de que você está sempre devendo é cada vez mais real.
- As pessoas são mais individualistas. Preferem morar sozinhas e tornaram-se hedonistas em relação às questões mais básicas da vida.
- As pessoas pensam que podem viver sem Deus, contribuindo, assim, para o vazio espiritual que as domina. Esse vazio espiritual é um inimigo silencioso que gera dor e morte.
- As instituições religiosas perderam seu significado, e o cristianismo não passa de uma escolha entre tantas. Em países da Europa, o cristianismo é apenas parte da história da humanidade.

Focando mais perto a situação do Brasil, notamos alguns fatos que demonstram a mudança pela qual o nosso país vem passando.
- Vivemos, nos últimos 20 anos, momentos de prosperidade econômica, chegando a ser a 7ª. economia do mundo, mas agora enfrentamos crises que se parecem com uma recessão.
- Assistimos a uma movimentação de classes sociais com o aumento do poder aquisitivo da classe C, em contrapartida ao achatamento da classe média.
- Vimos o crescimento do percentual de evangélicos: 22% da população, ou seja, cerca de 40 milhões de pessoas, dizem pertencer à igreja evangélica.

- Surgiram nas estatísticas os "sem religião": 8% da população, ou seja, 15 milhões de pessoas.
- Os templos estão cheios de pessoas vazias.
- Estamos cercados por pessoas secularizadas: demonstram autossuficiência, mas apresentam um grande vazio espiritual.
- Os secularizados lutam com dores profundas na alma; dizem querer Deus, mas não querem a Igreja.

Essa realidade, independentemente dos benefícios e malefícios que faz surgir, é a nossa realidade. É nesse contexto que Deus tem formado e chamado sua igreja para ministrar graça e amor. A Igreja de Jesus existe não para julgar, mas para levar esperança a cada pessoa.

Os traços mencionados são nada menos que reflexos da pós-modernidade no cotidiano das pessoas, cujas características passo a destacar.

A PÓS-MODERNIDADE

Apenas com o objetivo de situar melhor a transição histórica que estamos vivendo e assim elucidar também os desafios que a Igreja enfrenta hoje, gostaria de fazer um comparativo entre a modernidade e a pós-modernidade.

Eis algumas características do modernismo:
- Misturas de filosofias e sistemas epistemológicos.
- Modelos novos para quebra de paradigmas anteriores.
- A natureza responde a todas as perguntas.
- As leis da física são suficientes para entendermos a infinitude do universo.
- Crença crescente no poder da mente individual.
- Método Indutivo (observação, experiência e reflexão).
- A razão nos dá todas as respostas.

- Centralização no indivíduo.
- Crença no progresso através do valor, da inteligência e do esforço do indivíduo.
- Universo fechado ao sobrenatural.
- A tradição é posta lado a lado com a ignorância e a superstição.
- Existe um controle sobre a natureza através de experimentos e invenções.

Agora vejamos algumas características que estão marcando a era pós-moderna:

- Perda das convicções básicas do modernismo.
- Admissão da modéstia; baseada na desesperança.
- Não à verdade absoluta, e sim às verdades relacionadas.
- Não existe uma razão suprema, mas, sim, razões existentes.
- Não há uma história que narra a evolução, mas, sim, várias histórias que nos trazem até hoje.
- Não há um conhecimento universal e objetivo, e sim uma representação de todas as coisas em relação às outras.
- Existe uma cultura sem absolutos que se instala discretamente.
- Existe uma pregação velada ao pluralismo de ideias, crenças e valores.
- Predomina a relativização das coisas (tudo é relativo, inclusive Deus, dependendo do ponto de vista em questão).
- Negação da culpa e da responsabilidade pessoais.
- Globalização de tudo (cultura, língua, moda, costumes e religião).

Definitivamente temos um mundo novo e precisamos de uma nova igreja para ele. Na verdade, a nova igreja é um retorno ao evangelho de Jesus, no qual Ele é o foco e o centro das atenções. Não precisamos inventar ou reinventar a igreja. Precisamos levar a essência de Jesus até as pessoas e, dessa forma, nutrir uma igreja que seja relevante e abençoadora na pós-modernidade, ainda que confrontadora em muitos aspectos.

O SECULARISMO

A secularização é o processo por meio do qual a religião pode chegar a perder sua influência sobre as diversas esferas da vida em sociedade. Pessoas secularizadas não fazem a mínima questão de ter uma religião; muito menos de entender e propagar a mensagem de Jesus.

É no velho continente que encontramos, em grande maioria, pessoas secularizadas que vivem em um contexto pós-cristão. Recentemente ouvi dizer que os Estados Unidos da América, considerado um país protestante, admitem ser um país secularizado, no qual a Igreja evangélica já perdeu hegemonia.

Para entender um pouco mais as pessoas secularizadas, vejamos como elas pensam e vivem:

- São pessoas urbanas que acreditam que podem viver sem religião.
- Valorizam a fé, mas não valorizam a Igreja.
- Entendem que o pensamento e as práticas das instituições religiosas não têm nenhum significado para a operação do sistema social no qual vivem. Como consequência de uma mente secularizada, o cristianismo perde sua hegemonia e torna-se uma escolha.
- São pessoas vazias que delimitam até que ponto o evangelho terá influência sobre a vida delas.
- São ignorantes com respeito a aspectos da fé e do pensamento cristão.
- Estão buscando vida diante da morte, mas a maioria não acredita na vida após a morte.
- São mais conscientes de suas dúvidas do que de suas culpas.
- Têm dificuldades em definir quais são suas maiores dores, a ponto de um prejuízo financeiro doer mais do que o sofrimento de um filho.
- Pensam que o mundo está fora de controle e tentam resolver isso controlando o que está a seu redor, com base nos mecanismos que têm à disposição – mercado de luxo, alcoolismo, prostituição, entre outros.
- Constroem uma estrutura de vida que os protege, mas que, ao mesmo tempo, os aliena da realidade.

- Rejeitam Deus porque não sabem aonde ir para encontrá-lo.
- Possuem uma imagem negativa da Igreja e não valorizam as denominações e as práticas que fazem parte da história evangélica.

Esse contexto é desafiador; o que significa dizer que falar de Jesus e ministrar é considerado por alguns algo quase impossível.

Penso exatamente o contrário. As pessoas estão sedentas e buscam algo que possa preencher a alma. Acredito que, se ajustarmos a *forma*, *o jeito de ser* igreja, conseguiremos afetá-las positivamente com o evangelho de Jesus. Sempre digo que ninguém resiste ao amor; se o amor se faz notar através de relacionamentos profundos e significativos, então conseguiremos tocar o coração das pessoas.

Igreja relevante

Gostaria de repetir aqui uma pergunta que fiz ao grupo inicial: "Se esta igreja fechasse hoje, ela faria falta para a comunidade?"

Essa pergunta deve ser feita por toda igreja que se diz cristã.

Primeiro, porque fomos criados e chamados para influenciar a sociedade em que vivemos. O evangelho não está relacionado à manutenção de *status*; muito pelo contrário, trata-se do caminho da mudança radical de um povo.

Segundo, porque, se uma comunidade não está sendo efetiva e transformadora na sociedade, ela certamente desaparecerá. O pesquisador George Barna diz em um de seus livros que a Igreja é como a rã na chaleira. A rã, por não ter um sensor térmico, não percebe quando a água esquenta na chaleira e permanece ali até morrer cozida. A igreja que não percebe ou ignora o contexto ao qual pertence vai morrer. A igreja de Jesus nunca morrerá, mas as comunidades locais que não estiverem firmadas em Jesus nem fizerem diferença no mundo certamente não prevalecerão.

O desafio hoje não é começar uma igreja. O desafio é começar uma igreja que seja relevante e significativa no contexto do grupo. A única maneira de ser uma igreja relevante, sem vaidade e orgulho, é ser uma igreja que se alimenta de Jesus e dele reparte as bênçãos aos outros.

Eis uma sugestão de características imprescindíveis em uma igreja relevante:

- Não pode ignorar seu contexto nem abrir mão de seu conteúdo.
- A Bíblia é o conteúdo; o contexto é a arena; e a missão é o que a igreja faz em seu contexto, ancorada e estimulada pela Bíblia.
- Deus chama a igreja a um contexto particular como instrumento da graça e da salvação, fazendo missão como processo criativo e de transformação.

O autor Jorge Henrique Barro cita em seu livro *De cidade em cidade* o que ele considera o maior desafio de uma igreja:

> O desafio da Igreja em fazer missão na cidade é o desafio de fazer missão como resposta à realidade das cidades. A Bíblia deve ser lida e interpretada no contexto particular no qual as pessoas estão situadas.[1]

O grande projeto em que estou envolvido e ao qual tenho dedicado alguns dos meus melhores anos é a construção de uma comunidade que faz diferença onde está. Essa comunidade abraçou paradigmas que têm nos levado a lugares aos quais jamais pensávamos chegar tão rápido, e hoje está presente na cidade, além de ser conhecida pela forma como ama a Deus e reparte Seu amor.

Atualmente é difícil um lugar de Alphaville em que não haja uma pessoa da igreja. Sempre existe alguém que, inspirado por Jesus, tem feito diferença na vida de outras pessoas.

É preciso entender e definir bem os seus próprios paradigmas. Quando os define, eles acabam dirigindo você e orientam as suas escolhas. Qual é o paradigma que adotamos? Falarei sobre isso no próximo capítulo.

---

[1] *De cidade em cidade*: elementos para uma teologia bíblica de missão urbana em Lucas – Atos. Londrina, PR: Descoberta Editora, [s. d.].

Paradigmas

> Somos o que amamos, não o que sabemos.
>
> RICHARD SIBBES

Eu sou apaixonado por igreja. Amo servir a Jesus e ver o que ele faz na vida de pessoas; sou grato pelo privilégio que Ele nos dá quando nos usa para fazer o que Ele poderia fazer sozinho.

Sempre tive uma igreja na minha imaginação. Era uma igreja que eu levava para os lugares onde havia servido antes de chegar a Alphaville. Quanto mais o tempo passava, mais as minhas convicções eram fortalecidas. A cada processo ministerial que vivia, eu pensava: isso é o que está dentro de mim, e aquele outro não está. Tenho muito claro em que acredito e em que não acredito. O que é um "sim" ou um "não" de Deus para mim.

As minhas origens estão na igreja tradicional, mas não acredito que o jeito de ser desse modelo eclesiástico é capaz de fazer conexão com a pós-modernidade. Também não creio que uma igreja com eclesiologia neopentecostal trará respostas ao homem pensante e questionador da pós-modernidade.

Depois de refletir sobre um lado e outro, cheguei à conclusão de que a minha igreja imaginária era uma igreja com um foco. Não sou tradicional nem neopentecostal. Sou focado em Jesus! Não abro mão do conteúdo, mas estou disposto a revisar a forma e o jeito de ser igreja para que consigamos, sem barreiras, interpretar o evangelho de Jesus no mundo em que vivemos.

O que diferencia uma igreja de outra? Três fatores determinam como é uma comunidade local: o que ela pensa sobre espiritualidade, o que pensa sobre recuperação e a maneira como desenvolve sua ação ministerial.

Como são esses paradigmas? Como eles influenciam e estabelecem essa diferenciação entre comunidades?

Paradigmas são padrões de comportamento ou pensamento que adotamos na nossa caminhada. É uma questão de escolha, não de imposição de uma parte para a outra.

Quando você abraça um paradigma, ele passa a dirigir você. Independe do caráter e do julgamento de certo ou errado. É assim: o que ganha a sua atenção, ganha o seu coração e dirige a sua ação.

Desejo expressar a leitura que faço de como se expressam os paradigmas em cada comunidade de hoje.

Igreja tradicional

As igrejas tradicionais são, em sua maioria, as igrejas históricas; aquelas que nasceram na Reforma e foram e ainda são usadas por Deus para a expansão do evangelho. Conheço muitas igrejas tradicionais relevantes em seu contexto. Existem igrejas tradicionais de quase todas as denominações, inclusive pentecostais.

Na igreja tradicional, a espiritualidade é definida e medida por seu nível de conhecimento da Bíblia e pela presença na comunidade. "Membro bom" é aquele que sabe muito de Bíblia e de outros temas relacionados a ela, além de frequentar todos os cultos e encontros coletivos. Quanto mais ele sabe de Bíblia, mais espiritual e maduro é.

A recuperação na igreja tradicional é um tema pouco debatido e pouco praticado. Quando uma pessoa alcoólatra tem uma recaída, por exemplo, ela o fez ou porque não era convertida, ou porque pecou e precisa ser disciplinada. Se é membro da comunidade e não consegue mudar esse comportamento, em geral a pessoa é excluída do rol de membros.

A ação quase sempre está definida: os horários e os programas da manhã, da tarde e da noite. O planejamento estratégico resume-se ao calendário anual, e uma pirâmide de líderes dirige a comunidade. As atividades são replicadas ano após ano, e assim leva-se o ministério.

Certa vez encontrei um amigo e lhe perguntei como estava seu ministério. Ele me respondeu: "Está ótimo! Quando nasce alguém, eu apresento; quando morre, eu enterro; e vou tocando a igreja domingo após domingo". Ele não era um mau-caráter nem fez o comentário de forma jocosa; apenas estava me dizendo, em outras palavras: "Estou mantendo a tradição e servindo a Deus assim".

Conheço e tenho bons amigos pastores e membros de igrejas tradicionais. Não estou julgando e dizendo que é errado. Estou relatando como vejo esse modelo de igreja. Na minha opinião, elas sobreviverão enquanto as gerações antigas sobreviverem. Essa igreja corre o risco de ser como a "rã na chaleira", por não perceber as mudanças e perder a relevância e a influência nas próximas gerações.

IGREJA NEOPENTECOSTAL

As igrejas neopentecostais surgem depois das pentecostais e, além de suas peculiaridades doutrinárias, recriam a estrutura eclesiástica que a Reforma protestante desconstruiu. Depois de ler este capítulo até o fim, você entenderá por que estou dizendo isso.

Na igreja neopentecostal, a espiritualidade depende de um líder. O pastor, ou bispo, ou apóstolo é o pai espiritual da comunidade. É ele quem recebe a visão espiritual para todo o rebanho e oferece cobertura espiritual para aqueles que estão na mesma visão. Ele recebe de Jesus e reparte com outros, que, por sua vez, repartem com outros, e assim por diante. Nesse tipo de igreja, a espiritualidade de uma pessoa é medida pelo alinhamento dela com a visão do líder espiritual. A fonte de espiritualidade está em um homem.

Nesse ambiente, a recuperação também depende daquilo que você faz. Para se libertar de um mau hábito, você sobe monte e desce monte, participa de vigílias intermináveis, vive em jejum (ora de um alimento, ora da televisão; e, por serem contextualizadas, faz-se jejum das mídias sociais). O ponto é: quanto mais você fizer, mais fácil será a sua recuperação; além disso, espera-se que você continue fazendo coisas para sua manutenção. Criam-se eventos, retiros, produtos, livros, cursos que o ajudarão a subir de nível e ser cada vez mais parecido com o padrão que o líder espiritual estabeleceu.

Quando a pessoa faz tudo isso, mas não consegue vencer seus próprios desafios, ela acaba desistindo; fica em casa. Infelizmente, é cada vez maior o número de pessoas que se declaram sem religião e que foram feridas pela religiosidade do nosso tempo.

Nesse tipo de igreja, a ação é determinada pelo líder. Ele tem a visão, escolhe seus líderes e define onde é como vão atuar. Se uma ação não nasce no líder, dificilmente irá para a frente.

O modelo neopentecostal é muito semelhante ao da Igreja católica romana, na qual um líder – o papa – representa Jesus na terra e tem toda a direção do rebanho, que, por determinação do líder, precisa segui-lo independentemente de sua cultura, história e contexto.

Por ter sido criado em uma igreja tradicional, considero-me ortodoxo na leitura do evangelho e nos ensinamentos de Jesus. Como pessoa conectada ao meu tempo, não consigo permanecer em um movimento tradicional e aceitar as coisas como são. Mas, ao mesmo tempo, não poderia seguir uma pessoa e me submeter a ela, sabendo que se trata de alguém igual a mim.

Não estou falando de ser insubmisso aos líderes; muito menos que não acredito neles. Creio que Deus chama pessoas e as capacita para cuidar de seu povo. Aprendo isso em 1Pedro 5.2-4, texto no qual os líderes são convocados a orientar pessoas em direção a Jesus:

> […] pastoreiem o rebanho de Deus que está aos seus cuidados. Olhem por ele, não por obrigação, mas de livre vontade, como Deus quer. Não façam isso por ganância, mas com o desejo de servir. Não ajam como dominadores dos que lhes foram confiados, mas como exemplos para o rebanho. Quando se manifestar o Supremo Pastor, vocês receberão a imperecível coroa da glória.

O estilo de igreja que combina comigo e acredito ser relevante em qualquer tempo é uma igreja focada em Jesus. Ele é a fonte de espiritualidade, de cura e ação; é Jesus quem produz em nós o que deseja entregar para a humanidade. A esse tipo de igreja chamo de igreja focada em Jesus.

Igreja focada em Jesus

Igreja focada em Jesus foi um termo que comecei a usar para descrever a igreja que eu tinha na cabeça. Uma comunidade que não é tradicional nem neopentecostal em seu jeito de ser, mas que, independentemente da denominação a que pertence, tem como visão essencial viver Jesus em seu tempo, interpretando o evangelho simples de Jesus no contexto em que está.

Não estou criando uma nova denominação nem tenho a pretensão de reinventar nada. A essência da Igreja de Jesus está estabelecida em Atos 2; apenas reconheço a necessidade de resgatar a essência e vivenciá-la de uma maneira que o foco continue sendo Jesus – não a pessoa que lidera a igreja.

Reitero que não me refiro a métodos, mas, sim, a paradigmas que, em última instância, dirigem a vida de uma comunidade.

A igreja focada é uma igreja normal. Igreja de Jesus, feita para a glória dEle e engajada em sua missão.

Na igreja focada, a espiritualidade é Jesus. Ele é a fonte de inspiração, a voz que orienta cada passo de uma pessoa. Ele é a presença com a qual podemos nos relacionar e o alvo da pessoa que podemos ser.

Na igreja focada, a recuperação é Jesus. Cada pessoa reconhece suas debilidades e enxerga em Jesus a cura. A parte humana é cooperar com Jesus, e a recuperação não depende do que você faz, e sim do que Jesus pode fazer em você.

A ação é um fruto que Jesus produz em nós. Cada membro da igreja focada em Jesus reconhece que é um ramo ligado na Videira e que existe para manifestar as intenções de Deus no mundo. A ação é um fruto que não podemos gerar, mas algo que recebemos e podemos repartir.

A teologia na igreja focada é Jesus. O foco teológico não é a teologia sistemática ou a teologia contemporânea – é simplesmente Jesus. A teologia do Antigo e do Novo Testamentos deve nos levar a Jesus. A teologia sistemática deve nos apontar para Jesus.

Quando encontramos Jesus, encontramos o Pai. Quando compreendemos Jesus, compreendemos o Pai. Quando vivemos Jesus, vivemos com o Pai. A nossa teologia é viver Jesus. Não estou menosprezando a teologia; pelo contrário, estou dizendo que devemos estudá-la e vivê-la para conhecer melhor Jesus. A teologia bíblica e a sistemática funcionam como um *GPS* que deve nos levar até Jesus.

A doutrina na igreja focada não é o que a denominação diz nem o resultado de como o líder interpreta determinado assunto, mas o que Jesus nos diz sobre determinado assunto. Fazemos o que Jesus nos manda. A direção doutrinária é a voz de Jesus.

> Nessa nova vida já não há diferença entre grego e judeu, circunciso e incircunciso, bárbaro e cita, escravo e livre, mas Cristo é tudo e está em todos (Colossenses 3.11).

Portanto, fomos sepultados com ele na morte por meio do batismo, a fim de que, assim como Cristo foi ressuscitado dos mortos mediante a glória do Pai, também nós vivamos uma vida nova (Romanos 6.4).

Vivemos, certa vez, uma experiência bem simples que ilustra bem o que quero dizer aqui. Em uma noite, minha esposa e eu saímos para jantar com um casal que acabava de chegar à nossa comunidade e que vinha de uma igreja pentecostal tradicional. Era um momento de confraternização, mas também de aproximação e oportunidades para entender melhor a comunidade a que haviam pertencido. Uma das perguntas que me fizeram foi: "Pastor, como a nossa igreja entende a perda da salvação? Um crente pode perder a salvação?"

A minha resposta foi a seguinte sobre o tema doutrinário: "Se você é batista, você não perde a salvação. Se é assembleiano, você perde a salvação; e se é presbiteriano, você não perde nem ganha, pois foi escolhido para ser salvo. Isso é relevante quando Jesus não é o foco. Se uma pessoa decide viver com Jesus todos os dias e ouvir sua voz momento a momento, ela não precisa se preocupar com o tema da perda de salvação, pois ela já vive com Ele. O foco da nossa igreja não é ensinar sobre a perda da salvação, mas apoiar as pessoas para que vivam com Jesus todos os dias até que O encontrem na eternidade".

Se Jesus está no centro de uma questão doutrinária, tudo fica pequeno diante dEle. Eu poderia dar uma resposta mais simples, seguindo as interpretações da denominação batista, mas preferi ampliar a visão sobre como devemos enxergar as doutrinas no nosso dia a dia, mas sempre com Jesus à frente.

A eclesiologia na igreja focada em Jesus precisa ser expressa de uma maneira que o corpo de Cristo seja honrado e funcione com todos os membros em unidade:

Antes, seguindo a verdade em amor, cresçamos em tudo naquele que é a cabeça, Cristo. Dele todo o corpo, ajustado e unido pelo auxílio de todas as juntas, cresce e edifica-se a si mesmo em amor, na medida em que cada parte realiza a sua função (Efésios 4.15,16).

A ação é horizontal e orientada pelo Espírito Santo, seguindo a voz de Jesus, sem mecanismos de controle ou manipulação. Todos os dons são aceitos e usados de maneira adequada para que o amor continue fluindo em nós e através de nós.

A eclesiologia de uma igreja focada em Jesus precisa fazer o que ele ensinou com a própria vida e com os primeiros passos da igreja que ele formou. Não existe uma pirâmide em que um homem é o cabeça; existe, sim, uma fonte onde todos bebem e buscam direção para o funcionamento do corpo. Todos somos um em Cristo. Temos o mesmo *DNA*, funções diferentes, mas o mesmo alvo de fazer o que Jesus – não outra pessoa – quer.

A eclesiologia deve refletir a essência da igreja primitiva. Eis algumas características que podemos encontrar em uma igreja focada em Jesus:

- A voz de Jesus é o ponto de partida de todas as ações ministeriais.
- Seus líderes são servos que se organizam de acordo com seus dons, não por departamentos e cargos.
- Respira um ambiente de igualdade, no qual cada líder é valorizado e faz parte de uma grande equipe.
- Tem como ponto forte o relacionamento e o acolhimento mútuos.
- É fonte de amor e misericórdia que se expressam em atitudes generosas.
- Vive pela fé e aceita desafios vindos da parte de Deus.

Essa lista poderia ser bem maior, mas o ponto principal é que Jesus está no centro de todas as coisas. Ele é o ponto de partida e a linha de chegada para qualquer assunto.

Comecei a usar a expressão "igreja focada" em 2007, quando tentava definir melhor o jeito de ser da igreja que eu tinha em mente. Ampliando as conversas com outros amigos, percebi que já existiam várias igrejas que podíamos considerar igrejas focadas em Jesus. Há igrejas com um tempero pentecostal e há igrejas um pouco mais tradicionais, mas não há igrejas focadas em Jesus que ocupem os extremos.

Anos atrás, um pastor amigo me mostrou um livro, *Center Church*,[2] escrito por Tim Keller (na época sem tradução para o português), e perguntou se eu conhecia o livro, pois ele usava o mesmo termo do autor sobre a igreja. Eu nunca havia visto o livro e disse a ele que não conhecia, mas certamente ouvia o mesmo Espírito que falava ao Tim Keller.

No início, eu me sentia isolado, pois, muitos temos Jesus como foco; no entanto, o paradigma difere em cada um dos sistemas religiosos que estão dirigindo a maioria das igrejas evangélicas brasileiras. Aos poucos, Deus foi mostrando e nos aproximando de várias comunidades, em diferentes denominações, que podemos chamar de igrejas focadas em Jesus. São comunidades que têm resistido à pressão e aos métodos e que decidiram viver de maneira simples, entendendo seu contexto e amando as pessoas que nele vivem.

Hoje tenho a alegria de estar conectado com muitos pastores e líderes, no Brasil e em outras partes do mundo, que servem em comunidades relevantes em seu contexto e que crescem em influência e amor – dentro e fora de seu ambiente – de forma natural e orgânica; quanto ao líder, ele não teve que mudar seu padrão de vida para externar a prosperidade que o sistema propõe e exige do líder, nem teve que se isolar, por ocupar o suposto topo da pirâmide. Vejo igrejas em que o crescimento é um fruto produzido por Jesus, não um imperativo da multiplicação fruto da "unção especial" concedida a uma pessoa.

Acredito que essas igrejas serão usadas cada vez mais para influenciar a sociedade que ainda não conhece Jesus; serão um ambiente no qual as pessoas de formação tradicional conseguirão conviver com os filhos da nova

---

[2] *Center Church*: Doing Balanced, Gospel-Centered Ministry in Your City. Grand Rapids: Zondervan, 2012 [KELLER, Timothy. *Igreja centrada*. São Paulo: Vida Nova, 2014].

geração sem que se sintam agredidas; serão igrejas que acolherão os que foram feridos pelos sistemas religiosos, mas não desistiram de seguir Jesus.

Pensar e viver um uma igreja focada em Jesus devolveu a mim muitos sonhos e especialmente a chance de acreditar que é possível viver a essência da igreja de Jesus nos dias de hoje. É possível ser cristão e pastor de uma igreja e ser feliz. É possível ser cristão e falar a verdade. É possível ser pastor e não precisar esconder sua humanidade. É possível viver em comunidade respeitando as diferenças, sendo unidos na essência e amorosos em todas as situações.

Tenho encontrado muitos pastores que pensam assim e que tinham esse sonho, mas não encontravam uma saída para o sistema. Vejo Jesus se movendo na vida deles. Tenho pedido a Deus que nos junte de alguma forma para que nos apoiemos mutuamente, edificando igrejas que honrem a Jesus e que O deixem ser o cabeça de todas as coisas.

Espiritualidade

> Meça sua vida pelas perdas e não pelos ganhos; não pelo vinho consumido, mas pelo vinho oferecido, pois a força do amor se põe em sacrifício de amor, e o que mais sofre mais tem para dar.
>
> Hudson Taylor

Todo homem tem um vazio na alma do tamanho de Deus. O homem foi criado à imagem e semelhança do Pai para ter uma ligação perfeita com Ele. O pecado, além de quebrar essa relação, também ofusca no homem os atributos de Deus. Essa falta é sentida e refletida no vazio que o homem sente dentro da alma. Todo ser humano tem a necessidade de depender de um ser superior, o que o leva a uma busca incessante do transcendente e da relação com o poder superior.

A essa necessidade o homem pós-moderno denomina espiritualidade. Ele acredita que, se exercer uma atividade religiosa ou ouvir sobre um poder superior, será mais espiritual, e essa dor do vazio passará. Creio e tenho ensinado ao longo da caminhada que essa dor só se resolve quando o homem conhece Jesus, se conecta com ele e passa a caminhar ouvindo sua voz.

Mas, afinal, o que podemos definir como espiritualidade?

Espiritualidade é a conexão do homem com Deus. O espírito do homem, que veio de Deus, se conecta com ele e desenvolve um relacionamento que traz sentido à existência.

É importante diferenciar religião de espiritualidade. Religião é o que o homem faz para alcançar Deus; espiritualidade, na visão judaico-cristã, é tudo o que Deus faz para ter um relacionamento com o homem que Ele criou, sem que esse homem precise fazer algo para alcançá-lo. Deus está pronto para se conectar com o homem – basta que o homem esteja pronto para recebê-Lo.

A espiritualidade não é uma conquista, mas uma inspiração, uma fonte. Nenhum homem pode conquistar a própria espiritualidade por seu esforço. Ele pode se conectar com Jesus, ser inspirado nEle e ter a alma abastecida por estar ligado à fonte.

A espiritualidade de uma pessoa começa no receber, não no fazer. A espiritualidade não resulta da diligência ou do zelo; em outras palavras, não depende do homem. É de graça e depende da fonte a que o homem está ligado. Se está ligado em Jesus, receberá tudo que precisa para a vida. Quem encontra Jesus encontra a vida: "Todo aquele que o Pai me der virá a mim..." (João 6.37).

A espiritualidade ajuda o homem a entender e a viver uma vida com significado. O relacionamento com Deus permite que ele confie mais em Deus do que em si mesmo, trazendo-lhe direção e segurança na caminhada.

Todos podem ter a mesma espiritualidade, mas nem todos têm o mesmo nível de cooperação com Deus.

As intenções do homem espiritual estão alinhadas com as intenções de Jesus. O resultado é que esse homem pleno de Jesus revelará o Filho em cada atitude, refletindo Sua pessoa ao mundo.

Oásis

Um aspecto importante na visão de espiritualidade focada em Jesus é que o homem não pode criar sistemas para alimentar essa espiritualidade, mas pode cooperar com Jesus para receber mais e, consequentemente, ser mais espiritual.

Em outras palavras, você não precisa subir montes, pagar penitências e cumprir as exigências de um líder para ser mais espiritual. Se você tem Jesus, já tem tudo que precisa para viver e sua espiritualidade é perfeita, porque a fonte a que está ligado é perfeita. Você precisa cooperar para que Deus cresça em você e a sua vontade pessoal diminua. Uma das maneiras de cooperar é ouvir as palavras de Jesus pelas Escrituras. A fé vem pelo ouvir e ouvir a Palavra de Deus (cf. Romanos 10.17).

Se duas pessoas estão ligadas em Jesus, elas podem ter a mesma espiritualidade. O que vai variar de uma para outra é o nível de cooperação. O seu nível de cooperação depende da fé que você tem, e a sua fé é uma escolha. O que será mais forte em você? Certamente aquilo que você alimentar mais. Quanto mais Jesus estiver na sua vida, mais espiritual você será. Ele é a fonte!

Não tem sentido algum medirmos a nossa espiritualidade pela quantidade de coisas que fazemos, mas, sim, pelo perfume de Cristo que a nossa vida exala.

A Fonte

Uma igreja focada em Jesus tem nEle sua fonte de vida; a conexão com Ele garante a espiritualidade genuína. Como disse, na igreja tradicional o conhecimento é a fonte de espiritualidade. Na igreja neopentecostal, a fonte é o líder. Na igreja focada em Jesus, Jesus é a fonte. É dEle que recebemos tudo que precisamos; quem tem Jesus não tem falta de nada.

Uma igreja focada em Jesus compreende bem as palavras do Mestre sobre este princípio da vida:

"Eu sou a videira; vocês são os ramos. Se alguém permanecer em mim e eu nele, esse dará muito fruto; pois sem mim vocês não podem fazer coisa alguma" (João 15.5).

Essa metáfora da videira descreve o sistema de espiritualidade que Jesus desenvolve. Ele é a fonte, o Pai é o agricultor, e cada pessoa que se liga a Ele é um ramo que dará os frutos que Ele produzir. Você pode perguntar: qual é o papel do Espírito? O Espírito é a seiva que vai testificar a vontade do Pai em cada ramo.

Jesus é a fonte que alimenta o vazio espiritual do homem. Jesus não nos dá uma lista de regras para cumprir; ele apenas nos entrega o amor que precisamos para viver, as palavras que nos fazem falta para caminhar em segurança e a alegria de sua presença, momento a momento da jornada.

Uma igreja, ou um líder, ou uma pessoa que entende esse texto em profundidade muda de postura e atitude. A igreja nunca achará que seu sistema é a fonte; o pastor não buscará algo mais para dinamizar a comunidade e mobilizar o rebanho em direção a Jesus; a pessoa fará bastante em crer que Jesus é suficiente e tudo que ela precisa e descansar.

Para muitas igrejas, o sistema eclesiástico – tradicional, pentecostal ou neopentecostal – é que vai produzir a espiritualidade no rebanho. Mas a eclesiologia não é a fonte. Jesus é a fonte, e isso nos basta.

O pastor que acredita precisar de "algo mais" vive buscando novidades e "visões". Creio que essa postura tem sido o combustível dos movimentos que surgem de tempos em tempos e que acabam dividindo igrejas, ferindo pessoas e manchando a Igreja de Jesus na sociedade, especialmente no Brasil.

O pastor não pode se apresentar como fonte de espiritualidade do rebanho. Alguns têm adotado a postura de que, como líderes espirituais, são os que oferecem cobertura espiritual ao rebanho. Outros acham que seus sermões e ensinamentos é que produzirão a espiritualidade que levará o rebanho a um nível mais profundo de intimidade com Deus.

O pastor que se posiciona como fonte acaba se cansando. O rebanho que espera que o pastor seja a fonte acaba se frustrando, pois o pastor é humano e não consegue suprir as necessidades de uma pessoa.

Conheci um pastor que estava havia mais de vinte anos em uma comunidade; semanalmente dedicava muitas horas de estudo para entregar o melhor sermão que podia. Realmente sua pregação era encantadora e muito profunda. Mas isso não o impediu de ficar frustrado e entrar em crise. Ele percebia que depois de vinte anos as pessoas ainda cometiam erros, alguns caíam em adultério, outros falavam mal da vida de outros, e os pecados da carne, vez por outra, apareciam na comunidade. Ele não aceitava isso e ficou extremamente frustrado; frustração que o deixou doente e o fez sair do ministério. Ele tentou ser a fonte.

Conheço pessoas, e até já apoiei pastoralmente algumas em seu processo de recuperação e volta à vida comunitária, que se submeteram de corpo e alma a um pastor que se propunha ser sua cobertura espiritual e trazer a vontade de Deus para a vida do rebanho e delas em particular. Quando percebiam as falhas no pastor, caíam em profunda crise por perceberem que tinham sido enganadas e que haviam sido manipuladas em vez de alimentadas.

A única fonte de espiritualidade é Jesus.

Certa vez, ministrava sobre esse tema a um grupo de empresários não cristãos, e eles me perguntaram por que eu afirmava com tanta certeza que somente Jesus podia ser a fonte. Como ficavam os deuses das outras religiões? Eu respondi à pergunta com outra pergunta: "Que religião tinha um deus, ou profeta, que ressuscitou e saiu do túmulo?"

Jesus é o único que venceu a morte e ressuscitou. Ele venceu a morte para que pudéssemos morrer com Ele e viver com Ele. Ele nos traz vida. Sem Jesus, não existe vida. A vida que Ele nos dá é para hoje, mas também nos leva para a eternidade.

Um pastor focado em Jesus beberá na fonte e levará seu rebanho à fonte. Ele não pensará que o sistema é maior que Jesus e não confundirá cooperação com fonte. A fonte é Jesus; nós somos seus cooperadores. Nosso trabalho é plantar, mas é ele quem dá o crescimento. Nosso trabalho é repartir os frutos; e o dele é produzir em nós o que deseja entregar para a humanidade.

O RAMO

A fonte é Jesus, e nós somos o canal para entregar o amor de Jesus ao mundo. O ramo não toma decisões; ele segue a direção da videira. O ramo não consegue sobreviver por si mesmo, mas precisa estar ligado na videira. Seu trabalho é permanecer conectado recebendo da fonte; o resto vai acontecer.

> "Se vocês permanecerem em mim, e as minhas palavras permanecerem em vocês, pedirão o que quiserem, e lhes será concedido. Meu Pai é glorificado pelo fato de vocês darem muito fruto; e assim serão meus discípulos" (João 15:7,8).

Como ramo, você precisa perguntar a Jesus o que Ele deseja que você faça, aonde Ele quer que você vá, e passo a passo tomar a decisão de obedecer. O ramo descansa crendo que Jesus é suficiente e que seu plano é perfeito. Um ramo entende a oração que Jesus ensinou, ao dizer: "[...] seja feita a sua vontade aqui na terra como no céu" (cf. Mateus 6.10).

O alvo do ramo não é gerar fruto, mas entregar o fruto. O trabalho do ramo é permanecer, e seus esforços estão direcionados nesse sentido. A vontade da carne, as tribulações do dia a dia, as investidas do inimigo serão todas levadas a Jesus e entregues em Suas mãos. Cada vez que uma pessoa consegue fazer isso, dizemos que ela permaneceu em Jesus; e, quando ela permanece em Jesus, é porque bebe da água viva que limpa seus pecados e reafirma seus passos na direção correta.

OÁSIS

Assim como todo cristão, uma igreja e um pastor precisam entender que são apenas ramos.

O pastor que se percebe como ramo não muda sua postura de ramo ao longo dos anos. Ele não precisa se isolar do rebanho nem mudar seu padrão de vida; não será a única opinião em todas as coisas nem será a grande estrela da comunidade. Ele será um dos ramos ligados a Jesus, que recebeu a missão de zelar pelo rebanho, mas faz isso primeiramente como exemplo; por isso, pode ser visto como um trabalhador a serviço do Rei.

Recentemente fiz uma viagem aos EUA para visitar e conhecer igrejas e pastores, além de aprofundar relacionamentos e parcerias no Reino. Um dos pastores que mais chamou a minha atenção foi o pastor de uma igreja grande, em uma região de classe média alta, que demonstrou muito de Jesus em sua vida. Primeiro, ele se sentava em um lugar comum e esperava o momento de fazer algo para subir ao palco. Segundo, depois de terminar o culto, ele voltou ao mesmo lugar onde estava sentado antes e cumprimentava todas as pessoas que se aproximavam dele. Não usou nenhuma sala restrita, cercada por secretárias ou seguranças. Terceiro, como não podia ser diferente, sua mensagem falou de Jesus do início ao fim.

Obviamente que sua igreja não era diferente. Conversei com vários membros da equipe, e eles tinham a mesma postura. Pessoas de alto nível cultural e econômico eram marcados por uma simplicidade que começava no jeito de vestir, falar e, o mais importante, de tratar as pessoas com igualdade e amor.

O ramo revela Jesus. O ramo se parece com Jesus. O ramo dá toda honra ao nome de Jesus.

O FRUTO

O fruto não são as atividades do calendário da igreja. Os frutos são o fruto do Espírito que aperfeiçoa o ramo e produzirá nEle seus efeitos. As atividades externas da igreja são os efeitos, mas os frutos pertencem à vida interior.

Uma pessoa vinculada a Jesus tem a alma em paz. Jesus é o centro de tudo e a torna centrada. Suas emoções, suas palavras e suas ações estão em equilíbrio; e isso se refletirá no mundo exterior. Não podemos confundir o fruto que Jesus produz com o que podemos fazer. O fruto que Jesus produz é amor; não as diversas atividades que acontecem nas nossas comunidades ou na nossa vida. Estou dizendo que um ramo recebe amor e entrega amor. Esse amor abençoará outras pessoas e naturalmente aumentará o número de oportunidades para amar. Quando o fruto é de Jesus, o amor vem antes das inúmeras oportunidades e atividades.

Quando isso acontece, a alma descansa. O ambiente, mesmo que ampliado fisicamente, permanece calmo, e as pessoas ficam em paz.

A analogia com a videira nos faz enxergar isso em vários ambientes. Durante uma viagem ao Chile com um grupo da nossa comunidade, visitamos a maior vinícola da América do Sul. Ao chegar lá, percebemos um ambiente calmo. Não havia gente correndo nem pressão para a produção e a venda de vinho. As pessoas cooperavam calmamente na vinícola. Os empregados estavam atentos à água, às pérgulas, aos tonéis e ao tempo de espera, mas não estavam produzindo o vinho. O vinho era produzido naturalmente e no tempo certo. O trabalho deles era esperar e agir quando chegasse o tempo da colheita ou do envasamento dos vinhos.

Assim é a nossa vida. Jesus produz o fruto. Podemos cooperar com Ele e depois repartir esse fruto. Uma igreja, um líder e um cristão que entendem isso permanecem em Jesus e entregam a ele sua vontade, seus talentos, sua capacidade; o resultado é descansar sabendo que Ele já separou os melhores frutos da terra para entregar-nos. O melhor de Deus não virá; já veio. O melhor de Deus é Jesus, e Ele vai produzir em nós coisas que não podemos produzir e nos levará a lugares aos quais jamais imaginamos chegar.

Oásis

Segundo John Stott, o ser humano tem três grandes buscas na vida: a transcendência, a comunidade e o significado.[3]

A transcendência é experimentada e percebida através das artes, do belo, da família, na alma e nas emoções. A comunidade é o local onde o homem transforma a hostilidade em hospitalidade, e assim consegue perceber e visualizar o que é transcendente. Isso acontece por meio do serviço, do apoio ao próximo e em tudo o que se faz coletivamente. O significado faz a grande pergunta da vida de um homem: O que estou fazendo aqui? Essa pergunta é respondida quase automaticamente quando o homem se conecta com Jesus e descobre o Reino dos céus e as oportunidades que Jesus oferece para a realização pessoal dentro de Seu Reino.

Jesus traz significado à vida. Jesus é o ser transcendente que o homem espera encontrar, e é na igreja focada em Jesus que o homem experimenta o significado de tudo isso e entra no sistema divino de alimentar a vida: receber amor, alegrar-se no amor e repartir amor.

Ambiente

Nós não somos a fonte, mas somos cooperadores de Jesus. Esse entendimento mudou muito o meu pensamento e prática na adoração comunitária nos últimos anos.

Venho servindo no ministério há dezoito anos e durante a maior parte desses anos servi como pastor na área de artes e adoração. Na nossa comunidade, hoje temos um pastor de adoração, mas caminho ao lado dele para mantermos as celebrações da igreja focadas em Jesus; procuramos não atrapalhar o que Jesus quer fazer na nossa comunidade.

Nossos cultos são focados em Jesus. Isso significa que o que cantamos, falamos e pregamos deve levar a congregação a Jesus. A liturgia é simples.

---

[3] *Por que sou cristão*. Viçosa, MG: Ultimato, 2004.

Nos nossos encontros, temos louvor por meio de músicas e orações, exposição da Palavra, e oportunidades de resposta e entrega pessoal nos momentos de ofertas ou compromisso.

As letras das músicas falam de Jesus. Todas as mensagem são baseadas nas palavras de Jesus, e, quando usamos um texto do Antigo Testamento, mostramos onde Jesus estava naquele contexto e ensinamento. Todas as palavras precisam apontar para Jesus. Ele é a única pessoa que estamos celebrando.

Entendemos perfeitamente que não podemos proporcionar a experiência da pessoa com Jesus, mas podemos cooperar criando um ambiente para que isso aconteça. Portanto, ao fazer escolhas, levamos em conta o ambiente de um contexto pós-moderno, o público que participa da nossa comunidade e os recursos que temos à disposição.

O ambiente é esteticamente preparado para ser simples, elegante e sóbrio. Usamos a tecnologia para facilitar a conexão – especialmente com as novas gerações – com o que será desenvolvido. Por entendermos que o aspecto sensitivo é um ponto de forte influência especialmente no homem pós-moderno, utilizamos uma iluminação cênica que cria diferentes ambientes durante a celebração e uma cenografia que cria imagens que nos fazem lembrar de Jesus; usamos a arte cênica para ilustrar mensagens e usamos ainda mais a tecnologia para comunicar com agilidade e beleza o que pretendemos dizer em cada celebração. É muito raro não haver a apresentação de um vídeo em alguma celebração. Um dos meios de comunicação mais usados nas celebrações são os vídeos, pois comunicam o conteúdo de uma forma que toca também o coração das pessoas em poucos minutos.

Um cuidado que precisamos ter

A música, a mensagem, o ambiente, a cenografia e a postura dos que servem são preparados com o objetivo de levar as pessoas a Jesus. Nada nem ninguém é maior do que Jesus. Quando centramos tudo em Jesus, não precisamos nos preocupar. Ele é tudo o que uma comunidade precisa e produzirá nela o que deseja entregar ao mundo usando-a como meio.

Recuperação

~

Não há nada que a presença de Jesus não possa curar.

Mike Wells

Deus, Conceda-me a serenidade para aceitar aquilo que não posso mudar, a coragem para mudar o que me for possível e a sabedoria para saber discernir entre as duas. Vivendo um dia de cada vez, apreciando um momento de cada vez, recebendo as dificuldades como um caminho para a paz, aceitando este mundo cheio de pecados como ele é, assim como fez Jesus, e não como gostaria que ele fosse; confiando que o Senhor fará tudo dar certo se eu me entregar à sua vontade; pois assim poderei ser razoavelmente feliz nesta vida. E supremamente feliz ao seu lado na outra. Amém.

Reinhold Niebuhr

Uma das características mais marcantes na pessoa de Jesus é a misericórdia e o amor que demonstrou pelas pessoas. Isso se refletiu em seu ministério, durante o qual andou com pessoas de todos os níveis, cuidou delas tocando-as de um modo curador e libertador. Jesus deu atenção à mulher hemorrágica, curando-a fisicamente, mas também dando a ela uma recuperação emocional e social.

Jesus transformou pessoas discriminadas e odiadas pela sociedade em pessoas que se tornaram fonte de bênção para o grupo que antes explorava. Foi assim com Paulo, com Mateus, com Zaqueu, comigo e com 2 bilhões de pessoas no mundo que professam a fé em Jesus. Uma igreja focada em Jesus precisa ter um compromisso com a recuperação de pessoas. A igreja local é umas das instâncias pelas quais Jesus toca a vida das pessoas, transformando-as em quem Ele as criou para ser. Infelizmente percebemos ao longo da história que a igreja cometeu muitos erros. Julgou em vez de amar. Esqueceu de perdoar e condenou pessoas que Jesus ama, expulsando para longe os pecadores e criando obstáculos à sua recuperação.

A igreja precisa ser uma terra fértil onde as pessoas possam florescer e recuperar a própria vida. A igreja precisa ser um refúgio seguro no qual cada pessoa possa expor suas dificuldades, trazer suas doenças e receber apoio e encorajamento para que encontrem a graça de Jesus que vai curá-las.

No ambiente da igreja tradicional, as doenças, a cura e o processo de cura são pouco tratados; quando uma pessoa erra, em geral é disciplinada ou excluída; em alguns casos, pouco importam os motivos que a levaram ao pecado e como poderia corrigir seu comportamento.

No ambiente neopentecostal, fala-se muito de cura e libertação com um enfoque naquilo que a pessoa pode fazer para ser curada. Quem diz o que a pessoa precisa é o líder; na maioria das vezes, a pessoa fica perto do líder e longe do remédio: Jesus.

Cremos e ensinamos na nossa comunidade que não há nada que a presença de Jesus não possa curar. Temos bem claro na mente quem são os doentes, qual é o remédio e como é o processo de apropriação do remédio a fim de sermos curados. Compartilho a seguir o que temos vivido e os pensamentos que têm norteado a nossa ação.

A VISÃO HOLÍSTICA DO SER HUMANO

Para tratar e cuidar de uma pessoa, devemos enxergá-la em sua integralidade. O homem é corpo, alma e espírito. Não podemos ser simplistas e propor uma solução pontual para qualquer que seja o problema, pois, na maioria das vezes, o que percebemos e ouvimos são apenas os sintomas, não as doenças. As doenças são mais profundas e precisam ser analisadas pelas três dimensões mencionadas.

O objetivo é ter uma visão holística e encontrar soluções que mudem o sistema no qual a pessoa adoeceu; não basta eliminar os sintomas da doença.

O corpo é a carne, a intelectualidade, e manifesta-se na vontade, na carreira, nas necessidades primárias relacionadas à matéria e ao material. A alma compreende as emoções, a personalidade, as experiências e a história de vida. O espírito é o que o homem recebeu de Deus e é percebido quando o homem ouve a voz de Jesus para dirigir sua vida, ou seja, quando tem uma experiência transcendental.

A saúde é o resultado do equilíbrio entre corpo, alma e espírito. Ainda que o homem cuide do corpo, seja emocionalmente equilibrado e esteja em paz com sua história de vida, se ele não alimentar o espírito com Jesus, terá a sensação de vazio e anseio pelo transcendente. O contrário também é verdadeiro. Se ele ler a Bíblia, orar, dedicar-se ao ministério, mas não cuidar do corpo, vai adoecer. A igreja precisa se preocupar e apoiar as pessoas na busca de uma vida equilibrada e balanceada em Jesus.

Os problemas devem ser ouvidos e enxergados de um ponto de vista sistêmico. Problemas complexos não se resolvem com soluções pontuais. É preciso enxergá-los desde a origem, em seu contexto, com seus efeitos e implicações no dia de hoje.

O pecado devastou o homem, mas Jesus restaura o homem. E não restaura apenas a alma; Ele cura o homem de uma forma integral: corpo, alma e espírito.

O DOENTE E AS DOENÇAS

É importante considerar quais são as doenças, quem são os doentes e por quais caminhos eles são contaminados.

Doente é toda pessoa que não consegue amar da maneira que Jesus gostaria que ela amasse. Todos, sem exceção, param de amar durante algum ponto da trajetória. Afirmo que todos, pois aprendemos que todos pecaram e estão separados da glória de Deus. Por causa do pecado, paramos de amar. O pecado de Adão nos fez pecadores e todos os homens já nascem no erro.

Watchman Nee diz que o homem tem dois problemas: quem ele é e o que ele faz. Somos pecadores. A natureza humana é má e do coração procedem desejos maus. Todos os dias fazemos coisas erradas que nos afastam de Deus e que nos mantêm presos ao pecado original e aos comandos da natureza carnal.

Doente é quem não ama, e doença é aquilo que nos impede de amar. As doenças podem ser físicas, emocionais e espirituais; quando se manifestam, elas nos abatem e geram dor, que é o sintoma da ausência do amor.

As doenças ofuscam os atributos de Deus em nós, pois tiram de nós a energia de servir, a capacidade de fazer coisas boas para nós e para os demais.

As doenças têm origem em uma mesma fonte, o pecado, mas se manifestam de diferentes formas na nossa vida. Eis alguns caminhos pelos quais adoecemos:

- O pecado original. Todos pecaram e estão separados da glória de Deus. Pela queda de um, todos caíram. Não existe nenhum justo na face da terra. O homem nasce condenado e precisa ser liberto.
- O julgamento de morte recebido por ocasião da queda. Quando o homem fez sua opção pelo pecado, recebeu uma sentença: foi condenado por seus delitos e pecados. Isso o afetou desde o primeiro momento em que sentiu vergonha de Deus e se escondeu. A história continua com a expulsão do paraíso, com a determinação de que o

sustento viria do trabalho e com o fato de que a mulher passaria a sentir as dores do parto. Todas elas são sentenças recebidas por um homem derrubado pelo pecado.

- Pecados não confessados. Cada pecado oculto gera um buraco igual ou maior do que o primeiro causado pelo pecado. O sentimento de estar isolado, "morto e amordaçado volta a incomodar".
- A falta de cuidado pessoal. Quando uma pessoa não dá atenção a uma área de sua vida, em geral está cultivando uma fonte de doença. A falta de cuidado físico gerará enfermidades físicas. O estancamento emocional e a não confissão de pecados geram um desgaste emocional e espiritual que certamente causará um desequilíbrio ao sistema como um todo, agravando, assim, os sintomas de um homem doente.
- A consequência de algo que se plantou. As más escolhas são fonte de doença, pois geram desgastes, levam a pessoa a cometer erros e acentuam o pior da natureza humana: o lado carnal. Uma decisão tomada pela vontade própria e pelo desejo da carne pode produzir marcas eternas. Ainda que a ferida seja curada, a marca ficará para sempre.
- A história de vida. Aquilo que acontece na vida de uma pessoa, mesmo que não seja fruto de suas escolhas pessoais, a afetará positiva ou negativamente. Se é filho de um casal disfuncional, por exemplo, terá em sua personalidade reflexos dessa disfuncionalidade. Os chamados pecados de estimação da juventude serão possivelmente os mesmos quando a pessoa se encontrar sob pressão na fase adulta; isso porque a história de vida de uma pessoa – e tudo o que ela faz no dia a dia – pesa mais do que ela imagina em seu futuro.
- Um ataque demoníaco. O Diabo não tem poder sobre a vida de um cristão, mas ele ronda o cristão como um leão procurando como devorá-lo. Ele aproveita as brechas emocionais que cada um carrega em sua história, ou as oportunidades abertas pela natureza carnal, a fim de atacar uma pessoa e afastá-la de Jesus. Quando um cristão

está sob ataques demoníacos, dizemos que ele está em opressão espiritual, o que é uma doença.

As doenças são difíceis de ser enfrentadas e tratadas, mas muitas vezes também são permitidas por Deus para que nos aproximemos dele e sejamos libertos de um comportamento ou ciclo destrutivo em que nos encontramos.

A doença é uma realidade na existência do homem caído, mas não é maior que o poder de Jesus para curar.

A doença é a falta de amor. O doente é o homem que para de amar. A dor é o sintoma da falta de amor. Jesus é a fonte de amor que destrói a doença, que cura o homem e que o livra de toda dor e sofrimento.

O REMÉDIO

Jesus tem todo o poder de curar qualquer área da vida de um doente. Ele é a fonte de amor que limpa todo o mal na vida de uma pessoa. Ele é a solução para o homem caído e é o único que pode restaurá-lo completamente.

Jesus liberta o homem de si mesmo: uma pessoa condenada pelo pecado; Jesus perdoa o homem por aquilo que ele faz: seus erros diários; embora nem sempre queira cometê-los, é impulsionado pela natureza carnal. Um exemplo dessa realidade nos foi dado pelo próprio apóstolo Paulo ao escrever que o bem que queria não fazia, mas o mal que não queria, esse, sim, praticava.

A cura de um homem não se baseia nele, muito menos em outro homem. O conhecimento, a intelectualidade, os relacionamentos e as conquistas humanas não podem reparar os danos que o pecado causa na vida de uma pessoa, mas Jesus pode mudar qualquer realidade.

A cura de uma pessoa não depende do que ela faz ou pode fazer, mas depende do que Jesus já fez por ela quando derramou seu sangue na cruz e ressuscitou ao terceiro dia. Uma gota do sangue de Jesus é suficiente para cancelar toda dívida que o homem recebeu pelo pecado. Uma palavra de Jesus é suficiente para perdoar todo pecado que o homem já cometeu. Um toque de Jesus é suficiente para curar o homem de toda enfermidade física.

Em seu ministério, Jesus curou doenças físicas, emocionais e espirituais. Ele ressuscitou a filha de Jairo; libertou emocionalmente a mulher samaritana (que buscava preencher a alma com relacionamentos destrutivos e já tivera seis casamentos malsucedidos) e lhe ofereceu a água da vida; ele libertou Zaqueu da prisão gananciosa e financeira em que havia sido aprisionado pelo Diabo. Jesus age na integralidade do homem, e sua graça é suficiente para salvar e restaurar o homem perdido. Jesus pode entrar em todas as áreas da vida de uma pessoa e age de modo sobrenatural para trazer-lhe sanidade completa.

A cura é uma promessa feita pelo Pai e cumprida por Jesus. Em Jeremias, lemos que Deus sabe os planos que Ele tem para cada um de nós; planos de paz, e não de nos causar dano (29.11-13).

Quando o homem procurar o Pai de todo o coração, Ele permitirá ser encontrado e abençoará esse homem. Deus promete curar uma nação, como vemos em 2Crônicas 7.14, quando diz:

> "[...] se o meu povo, que se chama pelo meu nome, se humilhar e orar, buscar a minha face e se afastar dos seus maus caminhos, dos céus o ouvirei, perdoarei o seu pecado e curarei a sua terra".

Jesus cura uma pessoa para que as promessas do Pai se cumpram na vida dela. Jesus cura uma pessoa para resgatar o plano original de Deus na vida dela. O homem, feito à imagem e semelhança de Deus, foi criado para viver uma vida perfeita em um lugar perfeito, sem dor nem sofrimento. A conexão com Jesus anula o efeito do pecado e restaura o plano inicial de Deus de viver um relacionamento perfeito com sua criação por toda a eternidade.

Portanto, quando uma pessoa se conecta com Jesus, ela vive o céu aqui na terra.

Jesus trabalha de forma corretiva e preventiva. Ele age de forma corretiva quando retira da nossa vida, por completo, qualquer obstáculo que nos impede de amar para que Seu nome seja glorificado. Ele age de forma preventiva quando nos permite conviver com a dor para que vejamos nossa limitação e nos lembremos de que Ele é Senhor e que pode nos livrar de todo o mal.

Nenhuma doença está acima da capacidade que Jesus tem de curar, e a maior força ou potência humana nem se compara à menor das habilidades de Jesus. Ele sofreu toda dor e humilhação para nos livrar do mal, mas jamais pecou ou se contaminou com a debilidade humana. Todo mal foi vencido na cruz; Jesus pode perdoar e apagar qualquer pecado humano, por maior que pareça aos olhos humanos e por mais perverso que seja diante da sociedade. O texto que Paulo escreve aos coríntios mostra que existe condenação para o pecado, mas, quando o pecador se rende a Jesus e se conecta com ele, seus pecados são perdoados, e ele é liberado:

> Vocês não sabem que os perversos não herdarão o Reino de Deus? Não se deixem enganar: nem imorais, nem idólatras, nem adúlteros, nem homossexuais passivos ou ativos, nem ladrões, nem avarentos, nem alcoólatras, nem caluniadores, nem trapaceiros herdarão o Reino de Deus. Assim foram alguns de vocês. Mas vocês foram lavados, foram santificados, foram justificados no nome do Senhor Jesus Cristo e no Espírito de nosso Deus (1Coríntios 6.9-11).

Não existe condenação para quem está em Cristo Jesus. Não existe morte diante daquele que é o autor da vida. Jesus nunca desiste de uma pessoa e estará presente na vida dela para recuperá-la completamente. É nesse homem conectado com Jesus que Ele habita, e Ele nunca vai deixar de cuidar da casa onde ele mora.

OÁSIS

Uma igreja focada em Jesus precisa crer e praticar isso. Uma igreja focada em Jesus precisa amar como Jesus ama e ter um compromisso firme e profundo com a recuperação das pessoas. Isso não quer dizer deixar de levar a sério sua conduta ou fazer vistas grossas aos erros das pessoas, por mais complexos que sejam; significa que as acolheremos como são e onde estão; além de levá-las a Jesus para que o Mestre as transforme em quem Ele tinha em mente quando as criou.

Uma igreja focada em Jesus não é legalista, mas promove a graça de Jesus. Uma igreja em que cresce o legalismo faz desaparecer a graça, mas uma igreja que ama como Jesus é fonte da graça que cura e restaura o homem caído.

Tenho muitas histórias para compartilhar, mas gostaria de contar o relato de um jovem criado na igreja desde criança que se casou bem cedo com outra pessoa também de sua igreja. O casamento foi cheio de percalços e, em determinado momento, mesmo depois de muitas tentativas e apoio, o casamento terminou em divórcio. Por ser divorciado, o rapaz foi excluído da igreja à qual pertencera toda a vida; na saída dele, o pastor da igreja fez uma oração entregando-o a Satanás e pedindo aos membros que não tivessem contato com ele, pois daquele momento em diante deveria ser tratado como "não irmão".

Um amigo desse jovem que era da nossa comunidade o trouxe a um dos cultos, e ele passou a frequentar as nossas celebrações. Ele estava ferido, triste, sentindo-se inadequado em voltar a fazer parte de uma igreja. Nós o acolhemos e o levamos a Jesus. Ele foi aconselhado, integrado ao grupo de pessoas da igreja, começou a servir e voltou a ouvir a voz de Jesus e a viver com ele.

Hoje esse jovem está casado, teve a vida restaurada, a dignidade refeita e, o mais importante, está firme em sua caminhada com Jesus. Não somos a favor do divórcio; ao contrário, fazemos o máximo que podemos para uma pessoa não se divorciar, e entendemos que o divórcio é fruto do pecado, mas também aprendemos que onde o pecado é fértil, a graça é mais que prolífera e farta. Para Jesus, não existem pessoas de "segunda categoria"; ele ama incondicionalmente e levanta o homem caído.

O homem não pode curar, mas Jesus pode curar todo o mal. O que o homem pode fazer é cooperar com Jesus. Muitas vezes entendemos que precisamos amar como Jesus se queremos ter saúde, mas não conseguimos porque a nossa alma está "dobrada", e o amor não chega até nós para mudar o nosso jeito de ser. Felizmente, a fonte de amor é Jesus, e existem processos e meios que podem nos ajudar a tirar as dobras da alma no caminho que leva à cura.

O Processo

As dobras da alma de uma pessoa consistem nas experiências negativas que lhe causaram feridas emocionais, transtornos emocionais e a levaram a comportamentos adictos e compulsivos. A disfuncionalidade de um casal gera filhos disfuncionais. O abuso sexual vivido na infância terá consequências na sexualidade de uma pessoa em desenvolvimento. Um adulto, quando está sob pressão, tende a voltar aos pecados da juventude. Esses são alguns dos exemplos de dobras na alma, ou das nossas doenças.

Uma igreja focada em Jesus entende que a recuperação é um processo que deve ser vivido um dia de cada vez, momento a momento, todos eles com os olhos fitos em Jesus e os ouvidos abertos para ouvir sua voz em cada decisão.

A parte do processo que depende do homem diz respeito à sua atitude diante da negação. Ele precisa reconhecer seus erros, buscar ajuda e, diante de sua impotência, render-se a Jesus e confiar a Ele todos os aspectos da vida.

Uma vez que o homem reconhece seu erros e busca ajuda, ele se abre para ser curado. O remédio é Jesus, mas, não raramente, esse homem precisará de grande apoio para chegar até Jesus.

OÁSIS

O primeiro passo do processo é o aconselhamento, seguido, se for o caso, da terapia sistemática; em caso de haver afetado a saúde física e seja necessário tratamento, passa-se a um psiquiatra. Nada disso ainda é a cura. Trata-se apenas do processo de *desdobrar* a alma a fim de que a pessoa se conecte a Jesus e seja curada. Uma pessoa com depressão crônica (causada por deficiência do organismo em produzir serotonina) precisará de medicação para que possa se estabilizar emocionalmente e ter condições de ouvir Jesus. Uma igreja focada em Jesus não vê os problemas e tenta resolvê-los de forma simplista; os problemas são analisados em sua complexidade e tratados de forma sistêmica para que possam ser solucionados.

Na nossa comunidade, temos o compromisso com a recuperação das pessoas. Usamos o programa Celebrando a Recuperação, baseado nos 12 passos dos Alcoólicos Anônimos; no entanto, o nosso "Poder superior" tem nome, e este é Jesus. Temos vários pastores disponíveis para aconselhamento; momento em que escutamos as pessoas e as levamos até Jesus. Temos também o apoio de psicólogos e psiquiatras que nos ajudam a tratar os casos em que a emoção e o físico já foram afetados e precisam de cuidado médico.

O processo pode variar de comunidade para comunidade, mas o compromisso com a recuperação e com a restauração da vida do homem não podem ser abalados. Uma comunidade que é de Jesus acolhe, valoriza e cuida das pessoas.

> Portanto, agora já não há condenação para os que estão em Cristo Jesus, porque por meio de Cristo Jesus a lei do Espírito de vida me libertou da lei do pecado e da morte. Porque, aquilo que a Lei fora incapaz de fazer, por estar enfraquecida pela carne, Deus o fez, enviando seu próprio Filho, à semelhança do homem pecador, como oferta pelo pecado. E assim condenou o pecado na carne, a fim de que as justas exigências da Lei fossem plenamente satisfeitas em nós, que não vivemos segundo a carne, mas segundo o Espírito. Quem

vive segundo a carne tem a mente voltada para o que a carne deseja; mas quem vive de acordo com o Espírito, tem a mente voltada para o que o Espírito deseja. A mentalidade da carne é morte, mas a mentalidade do Espírito é vida e paz (Romanos 8.1-6).

Da mesma forma, considerem-se mortos para o pecado, mas vivos para Deus em Cristo Jesus. Portanto, não permitam que o pecado continue dominando os seus corpos mortais, fazendo que vocês obedeçam aos seus desejos. Não ofereçam os membros do corpo de vocês ao pecado, como instrumentos de injustiça; antes ofereçam-se a Deus como quem voltou da morte para a vida; e ofereçam os membros do corpo de vocês a Ele, como instrumentos de justiça. Pois o pecado não os dominará, porque vocês não estão debaixo da Lei, mas debaixo da graça (Romanos 6.11-14).

Disse Jesus aos judeus que haviam crido nele: "Se vocês permanecerem firmes na minha palavra, verdadeiramente serão meus discípulos. E conhecerão a verdade, e a verdade os libertará". Eles lhe responderam: "Somos descendentes de Abraão e nunca fomos escravos de ninguém. Como você pode dizer que seremos livres?" Jesus respondeu: "Digo-lhes a verdade: Todo aquele que vive pecando é escravo do pecado. O escravo não tem lugar permanente na família, mas o filho pertence a ela para sempre. Portanto, se o Filho os libertar, vocês de fato serão livres" (João 8.31-36).

Encerro este capítulo compartilhando com você a história de Mary, uma crente em Jesus, comprometida com Ele que vem sendo tratada a cada momento, recebendo dEle a direção e a cura para suas feridas e tribulações do dia a dia.

Sou Mary, uma crente em Jesus em recuperação de muitas áreas da minha vida. Mesmo nascendo em um lar cristão, sendo filha de pastor, frequentando o ambiente da igreja desde que me entendo por gente e sendo muito participativa, tudo parecia muito bem comigo até que um dia me vi completamente sozinha e senti que Deus estava a quilômetros de distância.

Havia um muro entre nós. O muro da inadequação, da baixa autoestima, da escassez de amor, de valorização, de aceitação. Afinal, será que Ele realmente se importava comigo? Se ele se importava, por que eu me sentia assim? Por que tudo dava errado para mim? Eu queria chegar até Ele, queria muito senti-lo perto de mim, mas era tão fraca. Havia muitos degraus para chegar até Ele. Quanto mais me esforçava, tudo parecia ficar mais longe. Então eu desanimava, nunca conseguiria ser cristã o suficiente para ouvi-lo falar comigo, pra receber a direção dele, para merecer seu amor.

Sim, era assim que eu acreditava. Eu precisava me esforçar muito, precisava cumprir todos os sistemas, usar todos os recursos para ficar perto de Deus e recebê-lo. Definitivamente a vida cristã era algo impraticável para mim. Eu não conseguia ser tão crente como via outras pessoas sendo.

Cheguei à IBMAlphaville em 2012 buscando uma nova comunidade, pois estava passando por algumas tribulações pessoais na comunidade da qual participava. Quando cheguei aqui, ouvi pela primeira vez a frase: "Quem tem Jesus não tem falta de nada".
Como assim? Tudo me faltava, nada dava certo na minha vida.

Eu definitivamente havia fracassado em todas as minhas escolhas. A cada culto, novas frases ficavam na minha mente, tais como: "Permanecer é receber o amor de Deus."

"Jesus é a nossa satisfação."

"A vida cristã inteira já habita em você." "Fomos criados para amar sem parar."

"Não há nada que a presença de Jesus não possa curar."

Eu ouvia tudo aquilo e gostava do que ouvia. Era tão leve... mas onde estavam os degraus? Eu só havia aprendido a subir degraus, e eles não estavam ali.

A cada culto, paradigmas eram quebrados, eu comecei a entender que Deus realmente me amava e que, por mais difíceis que fossem as minhas circunstâncias, Ele era bendito, santo, e tudo que esperava de mim é que eu finalmente descansasse nEle. Ele era a minha vida. Ele habitava em mim, e tudo o que Ele esperava de mim era que eu confiasse e descansasse.

Essa foi a maior libertação que experimentei na minha vida! Eu era crente de verdade! Eu tinha a mesma espiritualidade que a pessoa que eu julgava mais espiritual do mundo, afinal eu tinha "A" perfeição habitando em mim. Não importava o tempo de vida cristã, Cristo em mim era toda a vida cristã que eu poderia ter.

As coisas pareciam melhorar, quando, de repente, novos fatos na minha vida pessoal complicaram a vida familiar. A vida foi seguindo, e o caminho, ficando mais íngreme e pedregoso. Por mais que eu quisesse acreditar em todas aquelas verdades e descansar, eu não conseguia. Eram tantos problemas, tantas coisas difíceis e ruins acontecendo. A cada dia meu mundo desabava um pouquinho.

Logo voltei a me cansar, estava pesada e não me sentia capaz. Aquele velho e conhecido sentimento de autocomiseração, de fracasso, queria me dominar novamente. Tudo o que eu queria era parar com tudo, sumir; eu estava cansada demais.

Em cada conversa com os nossos conselheiros por mensagens ou mesmo pessoalmente, sempre recebia o mesmo estímulo...

"Permaneça! Só Jesus pode fazer a sua alma descansar." "Peça, e Ele vai te dar."

"Receba o que Ele tem pra você."

"Continue orando... não há nada que a presença de Jesus não possa curar."

OÁSIS

Eu repetia isso para mim mesma todos os dias; eu queria crer nisso de todo o meu coração. Mas as coisas se complicavam a cada dia.

No início de 2104, quando começou a série de pregação "Um ano com Jesus", eu não fazia ideia de que as coisas poderiam ficar ainda mais difíceis. Tudo que já estava ruim iria piorar. E foi o que aconteceu. Mas Deus queria me mostrar que Ele estava no controle. Ele me segurou com tanta força que não me deixou cair. A dor abriu os meus olhos para Jesus; Ele me fez perceber que somente a graça divina me bastava. Eu podia deixar o meu fardo sob a cruz e segui-lo sem medo. Apesar de tudo estar muito difícil e doloroso, eu só tinha uma certeza: Jesus é tudo o que eu tenho e tudo o que eu preciso!

Em cada mensagem aos domingos, isso ficava ainda mais forte dentro de mim.

Nesse período eu ouvia ainda mais mensagens que me ajudavam a focar em Jesus. Ouvia todos os dias, anotava as mensagens no meu caderno e deixava que aquelas palavras vindas de Deus penetrassem o meu coração e me ajudassem a permanecer.

Tomei decisões que pareciam loucura aos olhos humanos. Continuei em Jesus, vivendo na dependência dEle e não deixando o amor parar de fluir, mesmo quando as forças quase já não existiam. Nesses momentos eu pedia mais força, mais fé, e Ele me dava. Aprendendo a viver 24 horas por dia, 7 dias da semana, momento a momento na total dependência dEle, entendi que a dor fazia parte da minha história, mas não era a minha vida, porque a minha vida é Jesus.

Essas verdades me ajudaram a passar pelo deserto e a entender que Ele me amava e tinha o melhor para mim, mesmo que eu não conseguisse enxergar.

Todos os dias eu pedia para que Ele estivesse comigo. Todos os dias eu dizia: "Não posso, mas o Senhor pode; eu não tenho, mas o Senhor tem; eu não sou, mas o Senhor é. Eu sou fraca, mas o Senhor é a minha força".

Finalmente entendi que a dor não é um erro de Deus, ela pode ser o melhor lugar do mundo, porque ela me levou à presença de Jesus. Eu entendi quem é Jesus, eu entendi quem sou para Ele. Eu entendi que o que me define é a presença de Jesus em mim. Eu entendi que Jesus é o meu ponto de partida, e isso nem a dor nem as dificuldades podem mudar.

Eu recebi Cristo como a minha nova identidade, e isso me ajuda a manter o foco nEle para que eu veja Jesus, ouça Jesus, ame Jesus e viva Jesus! Todo dia, momento a momento! Recebendo e deixando Jesus ser a minha recuperação e a minha cura! O meu desejo é não deixar que nenhuma área da minha vida fique sem o toque da graça e da presença de Jesus.

Missão

~~~

"Com isso todos saberão que vocês são meus discípulos, se vocês se amarem uns aos outros."

João 13.35

Deus, não me deixe de fora daquilo que você está fazendo no mundo.

Analzira Nascimento

Jesus é a videira, e nós somos os ramos. Ele é o começo de todas as coisas, e nós somos os ramos criados para manifestar suas intenções no mundo. Ele é a fonte de água viva que sacia a sede da alma, e nós somos os canais que levam essa água para matar a sede das pessoas. Recebemos dEle todo amor que muda a nossa vida e somos chamados por ele para levar esse amor às pessoas que Ele criou.

Podemos usar muitas metáforas para expressar quem Jesus é e o que Ele faz; quem nós somos e o que Ele nos chamou para fazer, mas o fato é que

Jesus criou a igreja e nos fez Seu povo para que sua glória fosse anunciada nos quatro cantos de terra.

Jesus quer que todas as pessoas sejam salvas. Ele se fez homem, viveu entre nós, morreu e ressuscitou para que isso acontecesse. O trabalho de uma igreja como um todo deve desembocar na missão. O ciclo de uma vida em Jesus só se completa quando repartimos o amor que recebemos dEle.

Essa é a essência da missão, e penso que ninguém deve discordar disso. Entretanto, vejo muitas pessoas cometendo erros por serem superficiais, e às vezes românticas, quando falamos na ação missionária. Muitos missionários sofrem porque foram abandonados no campo; muitas igrejas estão paralisadas porque não encontram um jeito simples e eficaz de fazer missão; alguns estão alienados à missão porque se sentem incapazes de se engajar, por pensar que missão é para alguns e especialmente para quem tem dinheiro.

A missão é de Deus, que salva e transforma uma pessoa para que ela possa se engajar na missão dele.

Todo discípulo de Jesus é chamado para ser missionário!

Na nossa comunidade hoje, depois de quase seis anos de caminhada conjunta, apoiamos diretamente 20 projetos; grande parte das pessoas compreendeu que é um missionário onde está e que seus dons, talentos, habilidades e recursos devem ser usados na missão de Deus.

Em poucas palavras, quero explicar um pouco da essência que tem orientado a nossa ação missionária.

Missio Dei

Deus não tem uma missão para a igreja; Ele tem a igreja para Sua missão. A missão de Deus é resgatar e transformar o homem que Ele criou para que esse homem viva a vida plena que Deus preparou para ele. Isso significa dizer que a igreja não precisa descobrir sua missão. Ela já a tem! O que a igreja precisa fazer é se engajar na missão de Deus.

Esse conceito mudou a minha forma de pensar e agir sobre o assunto. Quando entendemos a missão de Deus, compreendemos que todos os cristãos são chamados para a missão. O chamado missionário deve ser posto em prática onde a pessoa vive, trabalha, estuda; ele deve usar sua profissão, influência, formação e seus recursos financeiros para estabelecer o Reino no lugar em que Deus permitiu que estivesse.

A missão de Deus nos convida a estabelecer o Reino, pois por meio de Jesus podemos afirmar que o Reino de Deus chegou, e cabe a nós sinalizá-lo. O maior sinal desse Reino é o amor.

Por amor, Jesus nos resgatou, e a nossa missão é amar como fomos amados e levar esse amor a todas as pessoas. A missão é um privilégio e também uma responsabilidade.

Existimos para amar, e todo o nosso esforço deve ser feito para que esse amor não pare de fluir através da nossa existência.

A filosofia missional de uma igreja focada em Jesus pode ser resumida da seguinte forma:

- *Primeiro, todos são chamados.*
  "Vocês são o sal da terra. Mas, se o sal perder o seu sabor, como restaurá-lo? Não servirá para nada, exceto para ser jogado fora e pisado pelos homens. Vocês são a luz do mundo. Não se pode esconder uma cidade construída sobre um monte. E, também, ninguém acende uma candeia e a coloca debaixo de uma vasilha. Ao contrário, coloca-a no lugar apropriado, e assim ilumina a todos os que estão na casa. Assim brilhe a luz de vocês diante dos homens, para que vejam as suas boas obras e glorifiquem ao Pai de vocês, que está nos céus" (Mateus 5.13-16).

- *Segundo, para levar cura à alma.*
  O Espírito do Soberano, o Senhor,
  está sobre mim,
  porque o **Senhor** ungiu-me
  para levar boas notícias aos pobres.
  Enviou-me para cuidar dos que estão
  com o coração quebrantado,
  anunciar liberdade aos cativos
  e libertação das trevas aos prisioneiros,
  para proclamar o ano da bondade do **Senhor**
  e o dia da vingança do nosso Deus;
  para consolar todos os que andam tristes,
  e dar a todos os que choram em Sião
  uma bela coroa em vez de cinzas,
  o óleo da alegria em vez de pranto,
  e um manto de louvor
  em vez de espírito deprimido.
  Eles serão chamados
  carvalhos de justiça,
  plantio do **Senhor**,
  para manifestação da sua glória (Isaías 61.1-3).

- *Terceiro, promover transformação integral.*
  Jesus foi por toda a Galileia ensinando nas sinagogas deles, pregando as boas-novas do Reino e curando todas as enfermidades e doenças entre o povo. Notícias sobre Ele se espalharam por toda a Síria, e o povo lhe trouxe todos os que estavam padecendo vários males e tormentos: endemoninhados, epiléticos e paralíticos; e Ele os curou. Grandes multidões o seguiam, vindas da Galileia, Decápolis, Jerusalém, Judeia e da região do outro lado do Jordão (Mateus 4.23-25).

- *Quarto, em todo lugar.*
  Então, Jesus aproximou-se deles e disse: "Foi-me dada toda a autoridade nos céus e na terra. Portanto, vão e façam discípulos de todas as nações, batizando-os em nome do Pai e do Filho e do Espírito Santo, ensinando-os a obedecer a tudo o que eu lhes ordenei. E eu estarei sempre com vocês, até o fim dos tempos" (Mateus 28.18-20).

O PACTO DE LAUSANNE

A filosofia missional que estabelecemos tem como base as palavras de Jesus e aquilo que Ele nos ensinou conforme registrado nos Evangelhos: "Novamente Jesus disse: '[...] Assim como o Pai me enviou, eu os envio'" (João 20.21).

A trajetória missionária da Igreja evangélica e o que foi firmado em 1974 em uma declaração a que chamamos Pacto de Lausanne são de fundamental importância para as igrejas focadas em Jesus. Em essência, o Pacto diz:

> "O evangelho todo,
> para o homem todo,
> para todos os homens".

O amor de Jesus deve ser levado a todos os homens em sua integralidade, considerando corpo, alma e espírito, e em todos os lugares da terra. Esse conceito é um novo paradigma e nos afirma que o pecado atinge o homem, mas também atinge as estruturas sociais.

Essa visão missionária nos leva a ampliar e aprofundar a ação da igreja de modo que cause impacto no homem e em suas necessidades sociais, morais e psicológicas. Devemos incluir nessa agenda a responsabilidade social e evangelística, para que não nos tornemos culpados de distorcer as palavras de Jesus.

Portanto, quando amamos uma pessoa, não nos limitaremos a dar-lhe o alimento, mas a ensinaremos como consegui-lo, para que todos possam trabalhar e viver de um modo digno e autônomo com aquilo que consegue produzir. Isso significa o evangelho para o homem todo. O amor de Jesus será percebido quando o homem que Deus criou ajudar outro homem a recuperar sua dignidade.

O CAMPO

Quando compreendemos a missão de Deus e as palavras de Jesus, entendemos o verdadeiro significado de campo. O campo é o mundo, que, por sua vez, abrange todos os cantos da terra. Não há nenhum lugar na face da terra ao qual Jesus ainda não chegou; tampouco nenhuma pessoa que Ele possa rejeitar. Assim, o nosso campo é o mundo, sem a imposição de limites.

Ao ouvir Jesus dizer: "Abram os olhos e vejam os campos" (João 4.35), percebemos que há um espaço ilimitado que começa onde estamos e que se estende indefinidamente, sem limites. Jesus ama, morreu pela humanidade e quer transformar os 7 bilhões de habitantes da terra. Esta é a nossa missão. O mundo é o nosso campo. Independentemente da ferramenta que usemos e do contexto em que atuemos, Jesus nos chama para transformar a cultura de um lugar e implantar nele o Reino de Deus.

Os autores da missão integral são claros em afirmar que a missão histórica de Jesus só pode ser compreendida pela perspectiva do Reino de Deus. A missão da Igreja e de tudo o que ela faz é, na verdade, a manifestação do Reino de Deus no mundo presente e, ao mesmo tempo, a manifestação do Reino que ainda surgirá.

O nosso campo é o mundo, e a missão é estabelecer o Reino de Deus por todo o mundo. Trata-se de uma missão inesgotável que somente Jesus é capaz de inspirar e completar – algo do qual Ele mesmo nos convida a participar.

O MISSIONÁRIO

Quando entendemos a missão de Deus e o papel da Igreja nessa missão, percebemos que todos somos chamados para participar dela. Alguns irão a outros lugares e trabalharão em culturas diferentes, mas a maior parte dos cristãos exercerá sua missão no lugar onde trabalha, no mesmo ambiente onde mora e com os recursos que tem à disposição.

O discípulo médico faz missão no hospital; o discípulo professor vê a sala de aula como seu campo missionário; o empresário enxerga o cliente e os funcionários como alvo de sua missão.

Nesse contexto, não segregamos as formas e os ambientes, mas entendemos que tudo que fazemos fora do ambiente cristão com o objetivo de amar e abençoar pessoas é missão. Trabalho social é missão. Ação evangelística no bairro é missão. Oferta para missionários em campos estrangeiros é missão. Apoiar missionários locais e engajar-se em projetos dentro do país é missão.

O campo é o mundo, os missionários são todos os discípulos, e a missão é tudo aquilo que fazemos para amar pessoas e estabelecer o Reino de Deus.

SUCESSO DA MISSÃO

O êxito da missão se dá quando amamos sem parar.

A missão de fato acontece quando levamos o amor de Jesus às pessoas, quer perto de nós, quer longe. Sempre que criamos condições para que uma pessoa entenda que Deus a ama: quando amamos pessoas abastadas, que, apesar de não precisarem de nenhum apoio material, necessitam ouvir as palavras de vida que as levarão para perto de Jesus; quando repartimos pão, remédios, roupas e elementos básicos para a sobrevivência dos menos favorecidos.

O sucesso na missão de Deus é medido pelo "índice zero". Por receberem o amor de Jesus através da igreja, alguns casais decidem permanecer casados, e o índice de divórcio passa a ser zero. Depois de ser alcançado pelo amor de Deus, um traficante deixa de cometer crime e passa a trabalhar, levando a zero o índice de criminalidade. Uma pessoa abastada compreende que na dinâmica de Jesus recebemos amor para repartir e passa a compartilhar o que tem com quem precisa, levando o índice de necessitados a zero. Zero é o número de êxito na missão quando amar como Jesus ama é o único alvo.

Não há limites para a missão de Deus. Um local é apenas o começo. Não há sobra de recursos, e não há falta para tudo o que Ele quer fazer através de nós. Aprendemos com Hudson Taylor, que nos ensina dizendo: "A obra de Deus, feita do jeito de Deus, recebe os recursos de Deus".

Se você está na missão de Deus, caminhe seguro. Você chegará a lugares jamais imaginados. Você se relacionará com pessoas que nunca pensou que existissem e terá abundância de recursos para amar.

Você foi criado para amar e é bem-sucedido quando não para de amar.

Na IBMAlphaville, seguimos todos esses ensinamentos, e posso dizer que, nos últimos anos, estabelecemos a base missional da nossa comunidade, mas afirmo, sem medo de errar, que ainda estamos engatinhando. Hoje apoiamos cerca de 20 projetos missionários, alguns perto de nós e outros em lugares distantes. Sempre trabalhamos em parceria com alguma igreja ou agência missionária, e o nosso envolvimento pressupõe recursos financeiros, participação ativa de recursos humanos, cuidados pastorais ao líder do projeto e suporte espiritual em oração por cada um dos envolvidos em cada projeto.

A seleção de projetos é feita segundo alguns critérios.

O primeiro critério é conhecer a PESSOA. Para ser um missionário adotado, primeiro precisamos conhecer o missionário pessoalmente e ter um bom relacionamento de amizade. Os relacionamentos precedem a parceria; somente iniciamos uma parceria com pessoas com as quais temos afinidade.

Oásis

O segundo critério é o PROJETO. Começamos a análise de um projeto observando os objetivos do Milênio da ONU, que são:
1. Erradicar a extrema pobreza e a fome.
2. Alcançar a educação primária básica.
3. Promover a igualdade entre os sexos e capacitar as mulheres.
4. Reduzir a mortalidade infantil.
5. Melhorar a saúde das mães e das gestantes.
6. Combater o HIV/AIDS, a malária e outras doenças.
7. Assegurar a sustentabilidade ambiental.
8. Desenvolver uma parceria global para o desenvolvimento.

Diante da leitura da realidade, definimos o foco dos projetos que apoiaremos. Apoiamos projetos cujo alvo seja AMAR:

Assistir aos vulneráveis.
Mobilizar as novas gerações.
Apoiar comunidades do Reino.
Recuperar pessoas.

A partir desses dois "Pês" – Projeto e Pessoa –, estabelecemos a parceria por tempo determinado. Acontece em parceria com uma agência missionária ou com uma comunidade local. Envolve dinheiro, oração e trabalho voluntário de membros da nossa comunidade que se envolvem nos projetos.

A gestão e o acompanhamento da estratégia e dos projetos missionários são feitos por um conselho missionário composto por membros da comunidade que servem voluntariamente no grupo.

Contamos com várias ferramentas de apoio para encorajar a visão e a ação missionária de todos. Disponibilizamos bimestralmente uma revista direcionada à comunidade. Diariamente enviamos um devocional, que é compartilhado pela internet. Mantemos ações permanentes de doações de gêneros de primeira necessidade e roupas para instituições filantrópicas.

Cuidamos dos missionários que lideram os projetos dos quais participamos. Realizamos viagens missionárias de curto prazo para que os membros da nossa comunidade tenham uma experiência em campos transculturais. Nas celebrações coletivas, sempre enfatizamos algum desafio missionário e repetimos a visão e a estratégia que nos orientam para que os novos membros possam conhecer e se engajar. Desafiamos 100% dos membros a que façam missão e amem as pessoas onde quer que estejam.

Trabalhamos com a convicção de que tudo que pudermos fazer ainda é pouco diante do que Jesus já fez por nós.

A missão é dEle. Ele faz o trabalho acontecer, e a nossa parte é fazer o que temos de fazer para não atrapalhar o que Deus quer fazer através de nós.

Cada vez que recebemos algo maior na nossa comunidade, entendemos que Deus quer nos usar para amar mais pessoas; tudo o que recebemos está disponível para ser repartido.

O alvo de um cristão e de uma comunidade cristã deve ser amar sem parar; fazemos isso quando anunciamos Seu amor a todas as nações.

GERAÇÕES
~~~~~~

> Mas Jesus chamou a si as crianças e disse: "Deixem vir a mim as crianças e não as impeçam; pois o Reino de Deus pertence aos que são semelhantes a elas".
>
> LUCAS 18.16

> "Se planejas por um ano, plante arroz. Se planejas por dez anos, plante árvores. Mas, se planejas por cem anos, eduque crianças."
>
> CONFÚCIO, FILÓSOFO CHINÊS (SÉCULO VI A.C.)

Um dos grandes desafios do nosso tempo é encontrar a consonância entre as novas gerações e ajudá-las a viver Jesus em meio às grandes transformações do nosso tempo.

Estudos sociológicos desenvolvidos sobre a sociedade estado-unidense descrevem as gerações por meio de uma classificação bastante conhecida:

Builders: geração dos construtores, nascidos entre 1910 e 1946;
Baby Boomers: geração do pós-guerra, nascidos entre 1945 e 1964;
Geração X: geração abandonada, nascidos entre 1965 e 1976;
Geração Y: geração ponte, nascidos entre 1977 e 1994;
Nativos digitais: geração atual, nascida de 1995 até os dias atuais.

Neste capítulo quero falar de ideias e práticas que têm norteado o nosso jeito de levar cada geração a conhecer Jesus, amar Jesus e viver Jesus em seus caminhos.

O papel das novas gerações na sociedade atual é muito mais forte do que nas gerações passadas. Hoje elas estão mais bem preparadas e acompanham as inovações deste momento. As crianças têm forte influência nas decisões dos pais; os adolescentes são os que mais entendem de tecnologia em casa e tornam-se os principais assessores dos pais e avós; os jovens nunca foram tão bem preparados academicamente como agora. Os jovens adultos têm um nível de instrução altíssimo e uma experiência e visão de mundo que os pais nem sonhavam em ter quando tinham a mesma idade.

Vejo isso na minha própria família: o meu pai, aos 25 anos, ainda trabalhava no campo para contribuir para o sustento dos 18 irmãos. Aos 25 anos, eu estava terminando a universidade, era casado, tinha duas filhas e fiz a minha primeira viagem internacional. A minha filha mais velha, aos 25 anos, já havia morado fora do país, já falava outros idiomas, estava cursando cursos de pós-graduação e exercia uma posição gerencial no mercado corporativo.

Como a igreja tem se comportado diante desta nova realidade? Muitas comunidades permanecem exatamente como sempre foram. As crianças ocupam uma "salinha" em qualquer lugar do espaço disponível; os adolescentes estudam meia hora no domingo as revistinhas impressas da escola bíblica dominical, e os jovens são desafiados a frequentar o "cultão" jovem do sábado à noite; e os que não participam de nada disso são criticados por falta de compromisso e mundanismo.

Esses modelos foram úteis e formaram muitas gerações passadas, mas penso que já haviam se esgotado na minha geração, e muito mais em se tratando das gerações atuais. Usar o flanelógrafo para uma criança que convive com o touch screen durante a semana é, no mínimo, desprezar o contexto imediato em que está inserida. O mesmo acontece com um adolescente. Estamos nos enganando e acalmando a nossa consciência se pensamos que ensinamos Bíblia lendo uma revista impressa durante 30 minutos para um adolescente que passa metade do dia conectado com os amigos em diferentes mídias sociais e que já pesquisou muita coisa na internet. Pedir a um jovem que seja conservador é o mesmo que torturá-lo. Por sua natureza, o jovem é contestador; mais do que gostar de novidades, ele cria as novidades.

Jesus valorizou as novas gerações e enxergou nelas não o futuro do Reino, mas o presente. Elas pertencem ao Reino hoje; por isso as convidou para que desfrutassem de Sua companhia e vivessem o que seus pais estavam vivendo. Por outro lado, também nos ensinou de forma metafórica que, se um adulto não se tornar como uma criança – pura de coração e genuína em seus pensamentos –, não fará parte do Reino dos céus.

Uma igreja que ouve Jesus valoriza as novas gerações, compreende seu pensamento e não mede esforços para que elas conheçam Jesus e tenham condições de escolher viver com Jesus. O que elas recebem é tão bom que nada do que lhes é oferecido em um ambiente externo recebe mais atenção e coração do que sua vivência na comunidade cristã. Seus melhores amigos estão na igreja, e é com eles que ela passa o tempo e constrói sua história. Os melhores espaços e grande parte dos recursos financeiros são investidos nas novas gerações, pois elas são a igreja de hoje – não de amanhã.

O conteúdo é o evangelho e o amor de Jesus, mas a forma de comunicar e as estratégias são bem diferentes do passado. O evangelho de Jesus na pós-modernidade flui com facilidade por duas "avenidas": o esporte e a arte, ambas apoiadas com tecnologia de ponta. A igreja tem hoje o desafio de interpretar as palavras de Jesus a uma geração ativa, e precisa pensar fora da caixa para que isso aconteça.

Os pais têm um papel importante na formação espiritual dos filhos e precisam sair do papel de espectadores para ser parceiros na caminhada. A igreja age como facilitadora desse processo e contraponto na sociedade. Na sociedade atual, os pais delegaram a educação dos filhos para as escolas e para os profissionais de atividades complementares. A igreja faz o contrário: oferece todo o suporte e convida os pais para que trabalhem juntos no processo da formação integral dos filhos.

O trabalho com as novas gerações precisa ser pensado de forma inteligente; deve ser implantado com dedicação e, acima de tudo, com zelo por estar fazendo algo especial no Reino de Deus. Por meio dessa ação, expressamos às novas gerações o amor de Jesus a fim de que o conheçam, recebam Seu amor e tenham condições de seguir repartindo o amor de Jesus com as gerações que as sucederem.

Conteúdo e cognitivo

Não gosto de replicar coisas, sejam atividades, sejam pensamentos, sem antes ver os fundamentos que serviram de base para que fossem criados, a essência que transmitem e a relevância da proposta no contexto em que estão. Muitas comunidades replicam as atividades que vêm fazendo há anos e esperam que as novas gerações de hoje se ajustem, o que em muitas situações não acontece.

Vi muita gente dedicada e amorosa fazer coisas bonitas e com qualidade, mas elas se frustraram e desanimaram porque não conseguiram êxito em seu grupo. Em muitos casos, o problema era a inadequação entre a atividade proposta e o momento de vida da nova geração.

O jovem de hoje se engaja com causas e pessoas, não com instituições. O famoso "culto jovem" para um jovem de hoje, filho de uma família batista de muitas gerações, não será nem um pouco convidativo e relevante pelo simples fato de ser um culto da denominação. Se houver qualquer outra atividade no mesmo horário que aponte para uma causa humanitária, ou um encontro no qual poderá estar com pessoas que compartilham suas ideias, será mais atrativa e certamente objeto de sua escolha.

Qualquer criança de hoje troca a tradicional EBD de domingo de manhã pelo campeonato de natação da academia que ela frequenta durante a semana e onde pratica esportes.

A Igreja precisa ajustar sua proposta e adequar seu plano de ação conforme o momento cognitivo-social que uma pessoa da nova geração está vivendo; não pode simplesmente replicar as atividades que funcionaram no passado ou que deram certo em outro lugar. Os princípios são transferíveis, mas nem sempre as atividades reproduzidas trarão o mesmo resultado que uma comunidade passada alcançou.

Vejamos o quadro a seguir em que são apontadas as prioridades das atividades para cada geração, considerando-se seu aspecto cognitivo:

Aspectos Cognitivos

	Infância 0 a 9 anos	Pré-adolescente 10 a 12 anos	Adolescente 13 a 17 anos	Jovem 18 a 30 anos
Aspectos cognitivos	1. Personalidade em formação 2. Necessidade de ter a família por perto 3. Pouco tempo de atenção focada 4. Lúdico	1. Aberto para receber valores de vida 2. Competitivo em grupo 3. Deseja ser independente 4. Depende da família para se locomover	1. É carente emocional 2. Precisa sentir-se útil 3. Valoriza mais o grupo do que a família 4. Não quer ter os pais por perto 5. Está na fase de selecionar valores	1. Sabe tudo e tem a melhor opinião 2. Prioriza relacionamentos 3. Quer fazer diferença na sociedade 4. Gosta de ouvir pessoas atualizadas
Focos da prioridade	1. Instrução 2. Atenção 3. Diversão 4. Família	1. Instrução 2. Diversão 3. Atenção 4. Família	1. Atenção 2. Causa 3. Instrução 4. Diversão	1. Causa 2. Atenção 3. Diversão 4. Instrução

Autor da Obra

Focos da prioridade

Na infância

Vejamos a infância! A personalidade do adulto é formada na infância; estudos mostram que 65% dos adultos se converteram quando eram crianças. Portanto, a prioridade do foco no ministério infantil deve estar no ensino e na instrução. É nessa fase que se aprendem as histórias bíblicas, os relatos da vida de Jesus e os fundamentos da fé. A criança deve aprender sobre Jesus e conhecer seu amor manifesto em diferentes aspectos de sua vida.

Em segundo lugar, é preciso ter em mente que as crianças entendem o amor de Jesus ao receber o amor de quem está perto delas. A principal função do líder de criança e dos voluntários que apoiam o ministério é amar a criança, dar atenção a ela, pois assim ela entenderá o amor de Jesus. Ame cuidando, ame dando exemplo, ame.

Em terceiro lugar, lembre-se de que a criança aprende brincando. Quando isso acontece, o conteúdo é leve, e a criança se abre para prender. O ambiente, as dinâmicas, as atividades precisam criar memórias saudáveis e profundas, mas muito agradáveis. As atividades lúdicas precisam trabalhar com as múltiplas faces da inteligência, para que o aprendizado seja ainda mais efetivo.

O quarto ponto a focar é: a criança precisa da segurança de um ambiente familiar para que se torne um adulto seguro e tenha o desejo de seguir valorizando a família. Com base nesse conceito, entendemos que é necessário que os pais participem ativamente do que está acontecendo com a criança dentro e fora da igreja. Assim, algumas atividades precisam ser programadas em conjunto. Não basta entregar uma folhinha para o pai colorir com o filho. É preciso que os pais entendam esse princípio e participem ativamente no processo. Pais saudáveis, filhos saudáveis; família forte, igreja forte!

Na pré-adolescência

Quando avançamos um pouco mais, observamos algumas mudanças de prioridade; outras permanecem.

Em primeiro lugar, considere que os pré-adolescentes ainda estão com a mente aberta para receber valores; por isso o ensino sobre Jesus deve ser a prioridade. Eles precisam aprender a ler as Escrituras e encontrar Jesus em cada situação, tanto no Antigo Testamento quanto no Novo Testamento.

Segundo, o lúdico passa a ser mais interessante quando existe competição. Nessa fase, entram o esporte e o trabalho coletivo em equipes. Quem não se lembra das gincanas bíblicas de 35 anos atrás? Hoje as gincanas podem ser feitas através de computadores e jogos na internet. A forma mudou, mas o conteúdo e a mente humana são os mesmos.

Terceiro, o processo de individuação começa a ser mais necessário. Um adolescente está no auge do processo de individuação, e o pré-adolescente começa esse processo. Ele precisa se sentir livre dos olhos do pai, mas ter a segurança de que seus pais estão por perto quando precisarem. Na verdade, eles dependem dos pais para tudo; só não querem admitir isso. Os pais precisam trabalhar em conjunto com os líderes e ficar atentos a cada mudança. A necessidade de atenção e a presença da família caminham juntos.

Na adolescência

Na adolescência, corre-se um grande risco que pode ser transformado em uma grande oportunidade: os adolescentes que, até então, tinham sido crianças bem-comportadas e participativas começam a ser atraídos pelos amigos do colégio, pelas festas do condomínio; e, uma vez que estão na fase de questionar todas as coisas, tendem a deixar de valorizar a experiência comunitária da igreja local.

Acredito, e tenho visto isso acontecer, que, se a igreja considerar as necessidades do momento e ajustar sua prática ministerial para atender a essa fase do adolescente, ela ganhará sua confiança e, mais do que isso, ele permanecerá firme em Jesus. Não foi diferente na minha fase de adolescência.

Os meus amigos da igreja eram os melhores amigos, e certamente eu participava todos os domingos na igreja por causa deles, não por causa de Jesus nem da igreja. Entretanto, as minhas experiências com Ele me ajudaram a decidir ficar do lado de Jesus e segui-lo até hoje.

Em primeiro lugar, o adolescente está com as emoções à flor da pele. Ele ama e odeia a mesma coisa em questão de minutos. Suas emoções, muitas vezes, o deprimem ou o fazem sentir-se o melhor de todos. Sente falta de amigos e de segurança; tem mais medos do que certezas, e isso, muitas vezes, o deixa em pânico. O foco prioritário no trabalho com o adolescente é proporcionar-lhe um ambiente seguro e acolhedor, que o valorize e o ajude a estabilizar-se emocionalmente. O líder de adolescentes é um de seus ídolos e precisa falar a língua dele, conviver com ele e dar atenção a suas questões.

Em segundo lugar, o adolescente gosta de servir e precisa disso para se ver posicionado diante do grupo e da comunidade. Ponha adolescentes para carregarem coisas, montarem ambientes, serem voluntários em congressos, mobilizarem e servirem em viagens missionárias, servirem nas áreas de tecnologia, apoiarem as gerações anteriores – enfim servirem onde precisar. Não desperdice a oportunidade de influenciar um adolescente quando ele se disponibilizar para arregaçar as mangas. Quanto mais útil um adolescente se sentir na comunidade, mais paixão ele terá por ela e mais relevante ela será no mundo.

Em terceiro lugar, o adolescente valoriza mais o grupo do que a família. Nesse momento, os pais devem ficar um pouco distantes, oferecendo suporte para o transporte e custeando as atividades coletivas que a comunidade oferece ao grupo. É hora dos retiros, dos encontros semanais, dos cinemas em grupo, das noites em claro jogando videogame para os meninos, ou da noite inteira comendo chocolate e conversando com as amigas. Os pais devem abrir a casas e apoiar as amizades. Por um lado, os adolescentes vão transgredir as regras e precisam disso para que a individuação seja construída; os pais, por outro, devem se posicionar estabelecendo limites para que eles saibam até onde podem ir a fim de permanecer saudáveis.

Nessa fase, não querem ir ao acampamento da igreja e preferem ficar com um amigo. Os pais devem fazê-los ir mesmo sem vontade. Quando encontrarem o grupo de amigos na igreja, seguirão independentes dos pais.

Tenho 3 filhas; duas delas hoje são jovens, e uma é adolescente. Fico muito feliz quando via anos atrás, e ainda vejo, a nossa casa cheia de amigos delas. Elas passaram por todas as fases, mas fizeram suas escolhas e permaneceram ao lado de Jesus.

O quarto ponto é a escolha. O adolescente está fazendo escolhas; isso funciona como se ele cortasse o topo da cabeça e virasse em cima da mesa tudo o que foi colocado lá dentro até aquele momento. Ele só põe de volta o que faz sentido para ele. Toma essa decisão baseando-se naquilo que é positivo em cada situação e vê isso em suas referências; a primeira delas são os pais. Por exemplo, um adolescente se pergunta se vai querer se casar no futuro. O primeiro casal que ele observa para tomar essa decisão são os próprios pais. Se eles são felizes no casamento, certamente ele vai querer fazer o mesmo. O mesmo padrão se repete na decisão da faculdade, da sexualidade, da profissão e nas escolhas espirituais. Os líderes espirituais precisam ser um bom exemplo e influenciarão os adolescentes em direção a Jesus. Os pais precisam se esforçar para ser exemplos. O filho precisa mais do exemplo do que do tênis de marca mais cara que um pai pode lhe dar.

A igreja precisa estar atenta a isso e investir e apoiar as famílias!

JUVENTUDE

Na fase jovem, as prioridades mudam, as possibilidades aumentam, e os desafios, também. Não podemos nos esquecer de que quanto maior o desafio maior será a vitória e de que vale a pena dedicar tempo com os jovens. Eles também são a igreja de hoje; não de amanhã.

Primeiro, a causa é mais importante do que a atividade. A energia para as atividades vem do sentido e da relevância que encontram na proposta. O jovem precisa ser desafiado a construir algo maior que ele mesmo. Causas humanitárias, desenvolvimento social, amor ao próximo, transformação política, evangelho de amor; esses são os temas que devem ser postos diante do jovem do nosso tempo.

Segundo, os jovens priorizam relacionamentos e abominam instituições. Pouco interessa a um jovem se ele é da denominação "a" ou "b"; para ele, o Reino de Deus é que importa, fazer diferença no mundo em que vive, e principalmente saber do lado de quem ele está. A igreja deve ter um ambiente aberto, de modo que o jovem se sinta em casa e tenha os amigos por perto. Tenho certeza de que esse ambiente varia de comunidade para comunidade, de cidade para cidade, pois as tribos jovens são muito diversificadas, mas em todas as situações os jovens permanecerão se estiverem com os amigos.

Terceiro, os jovens são bem preparados, atualizados; têm opinião para muitos assuntos e pensam que sabem tudo (quando forem mais maduros, descobrirão que não sabem tanto assim). Nesse momento, devemos engajar os jovens na liderança principal da igreja e permitir que eles influenciem a vida comunitária. Os jovens têm muitas contribuições a dar, especialmente na inovação. Pedir a um jovem para ser conservador equivale a matar seus sonhos e quem ele realmente é. Se fizermos o contrário, a comunidade ganhará gente cheia de força e disposição para construir uma comunidade vibrante e inovadora.

Se os jovens conseguirem se enxergar como parte da comunidade, se suas ideias forem valorizadas, se seus amigos conseguirem permanecer com eles e a causa valer a pena, o líder terá uma comunidade de pessoas engajadas no Reino que farão muita diferença onde estão. Os jovens precisam antes de tudo receber amor e respeito para que sigam amando e respeitando quem está a seu lado.

A INTEGRAÇÃO DAS IDADES

Na minha trajetória ministerial, percebi uma coisa que me incomodava muito. A igreja tinha envolvidas em suas atividades regulares 500 crianças,

300 adolescentes e 100 jovens. O que acontecia com as crianças que cresciam? Para onde foram os adolescentes que se tornaram jovens?

Instruir e desenvolver um ministério com crianças dá muito trabalho, mas ainda é mais fácil do que fazer o mesmo com adolescentes; nem se fala, então, com os jovens. Nos dias de hoje, o trabalho com jovens é muito mais no sentido de resgatá-los do que de prepará-los para o futuro.

Dessa realidade nasceu o pensamento de que precisamos ter um processo de formação espiritual da nova geração que seja integrado com as diferentes faixas etárias para que a criança de hoje siga crescendo como adolescente e se torne um jovem que, mesmo diante das ofertas do sistema do mundo, decida permanecer engajado no Reino e influenciar o mundo.

A igreja de Jesus precisa olhar o homem de uma forma integral e começar a trabalhar com ele desde a infância, apresentando Jesus através do amor e apoiando-o na caminhada para que o amor de Jesus continue fluindo através dele.

A maneira que encontramos para pôr isso na prática é ter um pastor que compreenda as diferentes fases e trabalhe com times voluntários e remunerados, apoiando cada geração por meio de conteúdos e atividades. Eles trabalham em sinergia e cooperação como se fossem uma corrida de revezamento. Uma pessoa é apoiada desde a infância até a juventude e recebe, de maneira diferenciada, o que precisa de uma fase para a outra.

Quando isso acontecer, teremos jovens ligados em Jesus e que seguirão como adultos. Por terem vivido cada fase da vida e estarem atualizados com o contexto do nosso tempo, não terão dificuldade em ser cristãos nos tempos de hoje. Não podemos tratar a nova geração com uma visão pontual e passageira. Precisamos ter um olhar sistêmico e ajudá-los a construir sistemas que os manterão ligados a Jesus.

O que era uma ideia está cada vez mais real. Temos um pastor desenvolvendo esse trabalho intencional, o que demanda tempo e longevidade de ministério. Acredito que já avançamos e estamos na metade do caminho. Espero daqui a dez anos ver os adolescentes de hoje liderando as próximas igrejas que farão diferença no lugar onde estiverem naquele momento.

Nativos digitais

Os nativos digitais são os que nasceram desde 1995 até os dias atuais. Eles são chamados nativos digitais porque nascem e crescem envolvidos pelas tecnologias mais avançadas impulsionadas pela internet, pelos superprocessadores e pela velocidade com que o mundo virtual se posiciona em relação ao mundo real.

Os nativos digitais desenvolvem outras competências e inteligências que as outras gerações não têm. Lidam facilmente com inovações tecnológicas e sofrem os efeitos negativos da pós-modernidade mais do que qualquer outro grupo.

Valorizam e curtem a velocidade, conhecem e interagem com outras culturas cada vez mais cedo, têm áreas de inteligência superdesenvolvidas e outras menos desenvolvidas. Suas formas de se relacionar são diferentes; preferem os meios virtuais ao mundo real para se comunicar com alguém.

Como igreja estamos atentos a isso. O conteúdo é o evangelho de Jesus, mas a forma muda. Estamos investindo em tecnologia e arte para sermos atrativos, mas priorizamos as atividades coletivas e orgânicas para estimular os relacionamentos e a valorização das coisas que temos. Fazemos atividades com animações eletrônicas, mas estimulamos a escrita e o trabalho feito com as mãos. Sugerimos atividades intelectuais como práticas em dois idiomas, mas oferecemos muitas oportunidades de diversão, afinal a criança aprende brincando. Investimos em acampamentos e encontros nos quais as amizades sejam fortalecidas.

Investimos também no esporte. Temos um projeto chamado Bíblia e Esporte, cuja proposta é que as atividades do domingo aconteçam em um complexo esportivo, em vez do templo; nesse espaço, há ensino bíblico, debates em grupo e prática esportiva como o adolescente gosta. Tirar um adolescente da cama no domingo de manhã deixou de ser um problema; tenho ouvido de pais que mesmo em dias em que eles estão cansados seus filhos os estimulam a levantar e vir para a igreja para que não percam as atividades do domingo.

Temos muitos grupos de adolescentes, de diferentes idades, reunidos em diferentes lugares; a ideia é ter grupos de meninas e grupos de meninos que tratam cada um dos assuntos peculiares ao grupo. Esses grupos se encontram às sextas-feiras à noite, para uma série de atividades diferenciadas: debates, noites artísticas e bate-papo.

Relacionamento, arte e esporte construindo a estrada que os leva a Jesus. Nessa estrada eles encontram a Vida!

Geração Y

A geração Y são os que nasceram entre 1977 e 1994. É considerada a geração do conforto, pois receberam em abundância aquilo que seus pais não tiveram na infância. Estudaram em bons colégios, têm acesso a viagens e culturas diferentes e possuem excelente formação acadêmica.

Muitos deles foram criados por uma empregada, pois os pais os abandonaram, e as mães tiveram que sair para trabalhar e sustentar a casa. Por isso, aceitam o divórcio como algo natural e não veem problema com o sexo antes do casamento, desde que se protejam para isso. Têm uma visão global, multicultural, multirracial e relativizam o conceito de certo e errado. Trata-se de uma geração pluralista, não exclusivista; espiritualista, em vez de seguir na tradição religiosa que recebeu de sua família.

O que vemos na igreja? Muitos consideram essa geração um caso perdido. Outros estão tentando, com muita boa vontade, alcançá-los por meio dos programas que deram certo quando eram jovens.

Dias atrás, conversei com um homem de 50 anos sobre sua vida na igreja; ele contava com alegria os acampamentos que havia organizado, os institutos de inverno que envolviam toda a denominação de determinada região, dos cultos de sábado à noite, etc. Tudo isso há trinta anos. Enquanto o ouvia, lembrava que muitas igreja de hoje ainda gastam energia tentando fazer decolar o culto de sábado à noite. Esse culto é tido como "inovador", conta com um pregador e uma banda, e depois os jovens comem um cachorro-quente na cantina da igreja. Lamento dizer, mas esse programa e essa mentalidade não alcançarão a geração Y.

Essa geração precisa se reunir fora de ambientes convencionais e religiosos. Eles precisam literalmente ir aonde os outros jovens estão. Precisam conviver no mundo, mas livres do mal. Essa geração precisa ouvir gente inteligente que está se desenvolvendo na carreira e fazendo diferença no mundo como seguidores de Jesus. Essa geração precisa ser desafiada; e o maior desafio é construir algo que possa mudar a vida das pessoas. Eles precisam estar em movimento e contribuir com movimentos que estão transformando a sociedade.

Os jovens de hoje precisam se ver no ambiente comunitário. Para eles, não existe o culto jovem. Existe a celebração da igreja da qual participam e na qual exercem influência. Temos o desafio de incluir netos e avós no mesmo culto, mas em uma igreja cujo centro é Jesus; por isso, ambos estão dispostos a superar suas limitações, pois quem os une é Jesus, que é infinitamente maior que suas diferenças.

A geração Y é um dos grandes desafios da igreja atual. Enquanto preparamos e investimos nos nativos digitais, estamos lutando para resgatar a geração Y, que precisa conhecer Jesus e se render a Ele. Jesus pode mudar essa realidade e transformar uma geração que pensa que tem tudo, mas não tem Jesus; ainda que seja bem preparada e cheia de vigor, não terá nada, pois ainda não encontrou o verdadeiro sentido da vida.

Geração X

A geração X é considerada a geração perdida, pois cresceu sozinha enquanto os pais estavam trabalhando para construir alguma coisa. Os "X" são os filhos da geração dos construtores que mencionarei em seguida. Nasceram entre 1965 e 1976.

Por ter crescido sozinha, essa geração não tem apreço por estruturas ou hierarquias, foge de modelos que tentam controlá-la. Convive em ambientes religiosos, mas, se possível, foge deles. É uma geração crítica, mas trabalhadora. Faz tudo o que assume, mas tem dificuldade em comprometer-se com uma causa.

Essa geração são os pais dos nativos digitais; muitos, apesar de serem criados em uma igreja e de a terem abandonado, estão voltando para a vida comunitária especialmente porque acham que precisam levar os filhos a ter a fé dos pais.

Boa parte dessa geração já sofreu com divórcio e está no segundo casamento. Sofre a pressão da carreira e da responsabilidade de ter sucesso e ao mesmo tempo levar recursos para o bem-estar da família. Dispõe de pouco tempo para dedicar à igreja, mas quer ver a comunidade indo bem. Nessa fase, estão mais prontos para receber e celebrar do que para repartir.

O trabalho com essa geração precisa ser leve. Eles precisam ter a oportunidade de encontrar e ouvir Jesus, mas sem o peso da religião. A igreja tem o papel fundamental de apoiá-los em sua recuperação, pois muitos já estão feridos emocionalmente pelas histórias que viveram.

A geração X tem muito a contribuir; quanto mais virem um ambiente de transparência e igualdade, mais se sentirão à vontade para fazer parte. Essa é a geração que inspirará os mais velhos e sustentará os que estão vindo logo atrás.

Eles precisam do mínimo para viver uma vida com Jesus. Precisam de um momento para receber – a celebração coletiva; um momento para encontrar Jesus durante a semana – o pequeno grupo; e uma forma de repartir o amor – a maioria fará isso em seu ambiente de trabalho e contribuindo financeiramente, mas com pouca doação de tempo para o serviço na comunidade.

BABY BOOMERS

Esse é o nome para os nascidos entre 1947 e 1964. É a geração pós-guerra que batalhou para construir a base por meio da qual os filhos pudessem decolar. No contexto brasileiro, 80% desse grupo viveu a infância e o início da juventude nos campos e depois imigrou para desbravar as cidades. Em geral, conta com pouca formação acadêmica, mas muita experiência de vida.

Os *baby boomers* valorizam a família e a veem de uma perspectiva tradicional. Casamento a decepções são para sempre; as famílias têm forte caraterística matriarcal, pois os pais se dedicavam ao trabalho enquanto as mães cuidavam dos filhos. Viveram com pouca tecnologia e apreciam o contato real, as longas conversas presenciais. São prósperos economicamente e ajudam no sustento da grande família.

Valorizam a vida comunitária e a denominação; são conservadores nos aspectos da fé e no modo de vivenciá-las. Sua visão local é mais importante do que a global, valoriza o vizinho e as pessoas que conhece.

Em primeiro lugar, esse grupo só permanecerá em uma igreja contemporânea se amar mais a Jesus do que a si mesmo; em segundo lugar, porque contribuirá com uma igreja que alcança seus filhos. Certa vez, uma senhora que fazia parte do grupo inicial da IBMAlphaville me procurou e disse: "Pastor, eu gostava mais da igreja tradicional, mas estou mais feliz aqui, porque a minha filha antes não gostava da igreja, e ela hoje está vibrando com a nossa comunidade". Isso é natural.

Esse grupo pode ajudar muito na coesão de uma comunidade, pois tem experiência e maturidade. Além disso, é um grupo que tem a visão missionária de contribuir, pois, uma vez que se ocupava com o trabalho secular, não tinha a disponibilidade de se envolver pessoalmente em projetos missionários. Conheço um senhor que sustenta vários missionários, diz-se apaixonado por missões, mas em 48 anos de convertido nunca visitou um campo missionário nem se envolveu em um projeto pondo a mão na massa.

A Igreja de Jesus precisa valorizar o grupo que chamamos hoje carinhosamente de terceira idade, ou melhor idade, ou sênior. Eles precisam ser cuidados e apoiados para viver com Jesus. Podemos e devemos abrir espaço para que sirvam em diferentes ministérios e interajam com outras faixas etárias.

Oásis

Nessa fase, é hora de viajar, de ensinar, de aconselhar, de se divertir, mas é também a fase de receber atenção, apoio à saúde, ajudando-os a viver em paz com sua história de vida.

Esse é o grande desafio da Igreja brasileira. A nossa população está envelhecendo, e em breve será um grande grupo da sociedade. Não espero que o governo resolva isso. Creio que a Igreja é o agente de acolhimento e suporte aos mais velhos; podemos apoiar o governo no cuidado dos que já fazem parte da comunidade de Jesus e levar Jesus para os que ainda não o conhecem.

Creio que a Igreja de Jesus não medirá esforços para cuidar dos mais velhos e terá a alegria de vê-los colhendo os frutos da velhice.

Jesus ama a família, por isso sua Igreja precisa valorizar e cuidar da família. Se queremos uma igreja forte, então buscaremos ter famílias fortes!

Para isso, não podemos nos esquecer de que a família é formada por pessoas de todas a gerações e que é um privilégio poder servir de geração a geração, de modo que o amor de Jesus flua, e Sua glória seja vista em toda a sociedade.

DNA

~~~~~~

> Se tiveres amor enraizado em ti, nada senão o amor serão os teus frutos.
>
> Agostinho

Desde o início tive a preocupação de escrever os princípios que norteiam a nossa comunidade e que nos mantêm alinhados e parecidos com Jesus. Trata-se de fatores inegociáveis que funcionam como nosso alvo. Eles servem de parâmetros para nossa autoavaliação, mas também servem de direção para os que se aproximam e querem nos conhecer.

O DNA representa o conjunto de valores que orientam a nossa caminhada comunitária. As pessoas que decidem se juntar a nós entendem que esse DNA faz parte do pensamento e das escolhas ministeriais que elegem para a vida.

Não temos um regimento interno, porque não vivemos por uma lista de regras; preferimos uma lista de princípios com base nos Evangelhos e que nos ajudem a focar em Jesus.

Estes são os 20 pontos do DNA da IBMAlphaville:

1. Uma comunidade profunda, leve e funcional

Começamos por declarar que somos uma comunidade. Não somos um amontoado de indivíduos, mas irmãos, membros de um mesmo corpo, participantes de um mesmo Espírito, no processo de recuperar a unidade que Deus planejou ao criar a humanidade. E isso só pode acontecer como resultado do nosso relacionamento com Deus, que deve ser profundo em conhecimento e intimidade, leve na caminhada diária, o que deve resultar em amor que se espalha pelo mundo. Cremos que essa é uma igreja de Cristo funcional. Isso afeta diretamente a maneira como nos relacionamos uns com os outros. Dessa forma, a comunidade deve ser profunda no conhecimento e no relacionamento com Deus e também nos relacionamentos entre os irmãos. Deve ser leve em suas estruturas e processos, sem imposições religiosas; completamente conectada com Jesus. Deve ser uma igreja funcional, que chora com os que choram, celebra com os que celebram, anuncia o Reino de Deus e manifesta as intenções do Pai no mundo.

Em outras palavras, uma comunidade de fé, esperança e amor; de espiritualidade, recuperação e ação; que recebe, celebra e reparte o amor de Deus.

2. Uma comunidade que crê que Jesus é tudo de que precisamos

Não é esforço, não é dedicação, não é mérito; é Jesus. Ele declarou que sem Ele nós não poderíamos fazer nada. Nenhum esforço é suficiente para atender às justas exigências de Deus. Ele exige perfeição. Não se trata do conhecimento nem da experiência, nem mesmo do tempo de igreja que a pessoa possa ter. Jesus em nós é a esperança da glória.

Também foi iniciativa dEle nos resgatar e habitar no nosso coração. Foi Ele quem nos comprou e nos chamou. Ninguém pode ter Jesus parcialmente. Quem está em Cristo tem uma nova identidade, um novo endereço. Só pode decidir cooperar ou não com o que Ele deseja fazer.

3. UMA COMUNIDADE EM QUE A ORGANIZAÇÃO SERVE AO ORGANISMO

A IBMAlphaville é uma instituição, tem funcionários, contas a pagar e tem de cumprir uma legislação específica. Sempre que o ser humano quer que algo dure certo tempo, ele cria instituições. No entanto, estabelecemos alguns limites para que a organização sempre esteja a serviço do organismo, que é a igreja de Cristo, a comunidade viva que se reúne como IBMAlphaville. Está no nosso DNA que a organização sirva ao organismo, não o contrário. Leis e recursos financeiros não podem dirigir uma igreja. Uma igreja é dirigida por Jesus e segue seus princípios; estes estão na Bíblia, são compreendidos pelo Espírito e operam por meio das pessoas. Numa comunidade cristã, a organização é o meio, não o fim.

4. UMA COMUNIDADE QUE SE EMPENHA EM ACOLHER E APOIAR AS NOVAS GERAÇÕES

Como família da fé, esforçamo-nos para que todas as gerações tenham espaço para aprender de Deus impulsionadas por diferentes formas de inteligência e vivência, para experimentar a vida cristã em comunidade, para desenvolver seus talentos e para abençoar a comunidade por meio de seus dons. Cremos que as crianças, os adolescentes e os jovens não são a igreja de amanhã. Eles são a igreja de hoje. Por isso, são valorizados e reconhecidos em tudo o que fazemos, a fim de que sejam sujeitos da nossa história.

5. UMA COMUNIDADE QUE ACOLHE AS PESSOAS COMO ELAS ESTÃO PARA QUE DEUS AS TRANSFORME EM QUEM ELE AS PLANEJOU PARA SER

Na nossa comunidade, só é proibida a entrada de pessoas perfeitas. Todas as outras são bem-vindas do jeito que estão e serão acolhidas como estiverem, desde que estejam dispostas a ouvir a voz de Jesus: "'Não são os que têm saúde que precisam de médico, mas, sim, os doentes. Eu não vim para chamar justos, mas pecadores'" (Marcos 2.17).

6. **UMA COMUNIDADE COMPROMETIDA COM A RECUPERAÇÃO DE PESSOAS**

Cremos que o padrão de ser humano estabelecido por Deus é Jesus, mas, em razão da rebeldia do homem, todos nós nos corrompemos e precisamos de recuperação.

Cremos que não existe nenhuma situação que o poder de Jesus não possa modificar.

Cremos na recuperação que é fruto da mudança interior e que naturalmente vai afetando todos os âmbitos da vida de uma pessoa. Cremos na recuperação diária, um passo de cada vez.

7. **UMA COMUNIDADE NA QUAL O IMPORTANTE É "SER", NÃO "FAZER"**

Não valorizamos uma pessoa pelo que ela faz, mas por quem ela é. Cremos que a nossa ação é sempre reflexo do que somos e daquilo em que acreditamos. Assim, se alguém não faz o que deve, não tentamos corrigir seu comportamento, mas verificar o que ocorre em sua essência, seu ser. Se Jesus for a fonte de inspiração e satisfação, seu comportamento refletirá isso. Assim como um ramo que está ligado à videira dá fruto, quem tem Jesus frutifica. A nossa única preocupação é levar todos à pessoa de Jesus.

8. **UMA COMUNIDADE QUE BUSCA AGIR SEGUNDO OS FILTROS DO QUE É MORAL, LEGAL E SANTO**

Temos três filtros que servem de parâmetros para definir o que é lícito. Podemos e devemos fazer tudo aquilo que é legal (dentro da lei), moral (segundo os padrões bíblicos) e santo (não ofende a pessoa de Deus). A lei deve ser formulada de forma que estimule o bem, puna o mal e honre a Deus. Caso a lei não seja moral nem santa, devemos lutar para que ela seja alterada; quanto a nós, continuaremos honrando a Deus, independentemente dela. Ouvir Jesus, ou seja, fazer aquilo que é santo (que pressupõe tudo o que é bom) é inegociável e superior a qualquer outro princípio.

9. **Uma comunidade que não despreza sua história, mas não fica presa ao passado**

Valorizamos a nossa história, pois podemos enxergar a mão de Deus conduzindo e construindo seu povo. Somos herdeiros de uma caminhada exuberante, que remonta aos tempos bíblicos, passando pelos missionários que um dia nos alcançaram.

No entanto, mantemos os olhos no que não se vê, com alvos ousados, caminhando para uma realidade celestial, que, embora pertença ao futuro, invade o presente e nos motiva a caminhar ainda mais.

Esperar o futuro é sempre um exercício de fé; trabalhar para construí-lo, ainda mais. Honramos o Deus, que conduziu os nossos pais. E queremos obedecer a ele, assim como Jesus foi obediente, sendo uma comunidade contemporânea para anunciar o evangelho em uma linguagem compreensível, como o fizeram alguns missionários aos nossos pais.

10. **Uma comunidade comissionada ao mundo a partir de Alphaville, para repartir o amor de Deus e a boa notícia da salvação, ciente da urgência de alcançar os que estão perecendo**

O nosso campo é o mundo. Cremos que existimos para a missão de Deus e decidimos não medir esforços para nos engajar nessa missão. Sabemos que o tempo é curto e que precisamos ser ousados e prudentes. Queremos ir para onde Deus nos levar. Somos uma igreja para o mundo a partir de Alphaville.

11. **Uma comunidade em que não há celebridades e na qual Jesus é a pessoa importante**

É Jesus. Ele é a essência, o motivo da nossa vida, a inspiração, o Cordeiro que nos trouxe paz, o primeiro de uma nova humanidade. Não há nenhum outro que mereça ser louvado, só Jesus, ao qual todos temos igual acesso, sem intermediários.

12. Uma comunidade com agenda única e sem assuntos proibidos

Pregamos a verdade, falamos a verdade e vivemos a verdade. Exceto os assuntos pessoais, que serão tratados em ambiente restrito e particular, os temas comunitários são abertos a todos. Cremos no princípio de manter a transparência sem exposição pública de determinados aspectos. Também não temos tabus, porque cremos que a Palavra de Deus nos dá suficiente orientação, e todo assunto deve ser tratado à luz da Palavra.

13. Uma comunidade liderada por pessoas comprometidas com Jesus que cultivam um ambiente de amor entre si

A nossa liderança é um grupo de amigos que se respeitam, que se amam e lideram o grupo por meio do serviço. A nossa lógica de liderança é a do Reino de Deus, no qual quem pode mais, serve mais. A hierarquia na nossa comunidade é expressa por: "Sujeitem-se uns aos outros, por temor a Cristo" (Efésios 5.21). Ou seja, nos submetemos a Jesus, que está acima de todos. Ao mesmo tempo, nos submetemos uns aos outros.

14. Uma comunidade que vê o meio ambiente como presente de Deus para ser preservado e cultivado como um jardim

Deus criou o homem e o comissionou para cultivar o jardim que passou a habitar. A nossa função para com a natureza é tratá-la como Deus a trataria – preservando a vida, favorecendo o equilíbrio e a diversidade das espécies, a fim de que Deus seja glorificado. Por isso, nos engajamos na conscientização do impacto ambiental e nas ações que colaborem para a preservação de toda forma de vida.

15. UMA COMUNIDADE QUE AGE EM FAVOR DA REDENÇÃO DA CULTURA EM QUE VIVE, PONDO-A A SERVIÇO DO REINO DE DEUS, TRANSFORMANDO A ARTE E O ESPORTE EM ESTRADAS PARA O EVANGELHO

O evangelho não muda em sua essência, mas deve ser interpretado e entendido em seu contexto. Dessa forma, o nosso esforço deve ser manifestar o Reino e compartilhar a Palavra onde estamos com as melhores ferramentas de que dispomos. Reconhecemos o esporte e as artes como os caminhos mais adequados para interagir com o mundo pós-moderno.

16. UMA COMUNIDADE QUE VALORIZA TANTO O ÉTICO QUANTO O ESTÉTICO, PORQUE BUSCA EXCELÊNCIA EM TUDO O QUE FAZ

Não julgamos a aparência de ninguém, mas não desprezamos que Deus criou um mundo bom e bonito, e nos fez com senso estético que busca harmonia e beleza. Da mesma forma, a Bíblia está recheada de poesia e qualidade artística. Por isso, valorizamos a excelência estética em tudo o que fazemos, porque o fazemos para o Senhor.

17. UMA COMUNIDADE QUE IMPACTA A SOCIEDADE ATRAVÉS DE SEUS MEMBROS, À MEDIDA QUE AGEM SEGUNDO A ÉTICA DO REINO EM TODOS OS ÂMBITOS DA VIDA

Jesus estabeleceu novos parâmetros do que é ser gente, do que é ser cidadão e do que é ser sujeito na história. A nossa comunidade manifesta esses papéis por sua forma de viver e afetar a sociedade, de se espalhar por todo canto, como sal jogado na terra. Se, em algum momento, erramos em agir como Jesus faria, devemos buscar o perdão de quem ofendemos e ter em mente que Deus está nos reformando.

18. Uma comunidade que sabe que a obra de Deus é realizada segundo a vontade de Deus e que receberá os recursos de Deus

Não nos preocupamos com dinheiro. Preocupamo-nos em fazer a vontade de Deus, pois acreditamos que a obra de Deus, feita do jeito de Deus, receberá os recursos de Deus. Não experimentamos sobra de recursos, mas temos visto o sustento tempestivo de Deus. Não constrangemos ninguém a investir seus recursos na nossa comunidade. Preferimos um ambiente de amor e generosidade.

19. Uma comunidade que lida com os recursos financeiros com transparência, mas sem exposição

Temos uma equipe que cuida da gestão financeira e administrativa da igreja e que é responsável por utilizar os recursos com austeridade e otimização. A gestão é feita por uma equipe de voluntários e um gestor em tempo integral, com experiência profissional na área, de modo que a equipe pastoral fica liberada para cuidar das pessoas e recebe o suporte da equipe administrativa para exercer sua função. Entendemos que assim atingimos a legalidade para cada ação pastoral, trazendo legitimidade ao grupo.

20. Uma comunidade normal. Comunidade de Jesus, feita de gente para a glória do Deus verdadeiro

Somos apenas um grupo de discípulos de Cristo que ouviu um chamado para se reunir como família a fim de anunciar ao mundo a nova humanidade, e que entendeu depender completamente de Deus para que isso dê certo. Entendemos que esse é o normal para uma comunidade cristã. Qualquer coisa que fuja disso é anormal e precisa voltar a escutar Jesus. Queremos ser tão radicais quanto Jesus, cuidando de quem o Senhor trouxer.

LIDERANÇA

~

Quando eu ouço a paixão queimando no coração de cada músico pela música, eu tento criar um ambiente de segurança que permita ao músico se expressar. E juntos nós chegamos a um entendimento comum da interpretação da música. Então, não sou eu. Eu não sou a causa. Nem os músicos. É a música – é a música – que nos reúne para fazer sua mágica acontecer.

JEAN-FRANÇOIS RIVEST[4]

VISIONAL

Um dos dons espirituais que Deus deu para o homem é o dom de liderar outros homens. Sem liderança, o "povo" perece, mas onde há líderes obedientes a Deus fazendo o que ele quer, há prosperidade, saúde, maturidade e muitos frutos para compartilhar com outras pessoas.

---

[4] Maestro, sobre como realizou uma apresentação impecável com apenas um dia e meio de ensaio com uma orquestra que ele não conhecia.

Liderança é um tema muito estudado e que pode ser desenvolvido ao longo da caminhada. Pessoalmente, afirmo que todos exercem algum tipo de liderança em algum momento da vida. Alguns são líderes de muitas pessoas, outros, de algumas, mas todos são líderes de si mesmos e tomam decisões pessoais que orientam o rumo da vida e as escolhas de cada um.

Os especialistas definem muitos conceitos de liderança, falam de muitos estilos de liderança e sempre trazem exemplos de homens e mulheres que inspiram a humanidade em diversas áreas de interesse. Na política, temos o resistente Nelson Mandela; como ícone da paz, temos Madre Teresa de Calcutá; na genialidade e na ciência, Albert Einstein; na luta pelos direitos humanos, Martin Luther King; no Antigo Testamento, temos o exemplo de Neemias; além disso, todos os especialistas concordam que o maior exemplo de liderança é Jesus.

No aspecto funcional, o conceito de liderança evoluiu e foi sendo percebido de formas distintas ao longo do tempo. No passado, os líderes tinham subordinados. Com o passar do tempo, os chefes têm subordinados, e os líderes passam a ter seguidores. Evoluindo um pouco mais até os nossos dias, os líderes são aqueles que têm outros líderes a seu redor e que trabalham em conjunto para a realização de um sonho.

No entanto, um ponto comum entre os conceitos de liderança é que todo líder precisa ser visionário e enxergar como realidade futura algo que ainda não existe. Talvez a diferença esteja no tamanho do sonho ou no prazo para alcançá-lo, mas todo líder enxerga algo novo e cuida de pessoas para que elas possam realizar, cada uma com suas características, esses sonhos.

Pelo fato de ter formação musical e ter atuado como maestro por muitos anos, gosto de associar a figura do líder com a de um maestro de orquestra. O maestro que prepara um concerto escolhe o repertório, define os arranjos, escolhe os músicos, nomeia chefes, coordena os ensaios, comunica verbal e visualmente as informações de como a música deve ser executada, além de estabelecer um alvo de sonoridade que define quando as músicas estarão prontas para ser executadas publicamente, momento em que as pessoas têm acesso a esse conteúdo.

Na igreja de Jesus, os líderes são como maestros que entendem que a "música" da igreja é Jesus. Eles chegam antes dos demais e começam a tocar a música de forma que outros vão se achegando e começam a tocar juntos, ampliando volume, aumentando força, mudando a coloração e o alcance do som, de forma que cada vez mais pessoas escutem a música e venham tocar juntos.

Os líderes visionários na igreja de Jesus funcionam como guardiães da música escolhida. São flexíveis, exercem liderança amorosa, mas não abrem mão de tocar o som da vida, Jesus. Para isso, estão sempre atentos aos movimentos e não medem esforços para comunicar processos, sinalizar mudanças, preparar espaço para que mais pessoas se acheguem ao grupo, bem como tomar decisões de modo que o som nunca pare de ser tocado e ouvido por todos.

Existe espaço para o líder visionário, e sua função é ouvir a música de Jesus e apoiar cada pessoa em direção a esse som.

Horizontal

Quando observamos a vida de Jesus e seu estilo de liderar, percebemos que liderança é mais do que uma opção moderna de mobilização de pessoas. Na verdade, Jesus nos mostra um novo conceito de liderança: Líder é aquele que ouve a voz do Pai e toma a decisão de amar as pessoas para que elas possam se conectar com ele.

Líder é o primeiro que ama. Jesus liderou amando. Jesus liderou suportando dor e humilhação para que Seus liderados pudessem encontrar vida e vida plena. Jesus liderou sendo um de nós, vivendo entre nós e nos oferecendo a oportunidade de ir a lugares aos quais jamais imaginamos chegar.

Jesus liderou com igualdade. Escolheu como Seus homens mais próximos pessoas imperfeitas, mas nunca as julgou nem as rebaixou a despeito de suas fraquezas. Jesus nunca teve uma postura altiva; pelo contrário, mesmo sendo Deus, não se apegou a isso e nos ensinou a liderar com uma bacia e uma toalha ao lavar os pés daqueles que estavam sob sua liderança.

Jesus nos mostrou que o maior em Seu Reino é aquele que serve e que o faz sem se considerar superior ao outro. Líderes de igrejas focadas em Jesus entendem que Ele é a fonte de toda inspiração e que devem ser os primeiros que decidem amar e servir os demais, para que estes possam se achegar ao Mestre.

Um líder focado em Jesus compreende que todos são iguais perante o Mestre. Ele entende que, por mais experiência que tenha, sua maior função será sempre fazer tudo que estiver a seu alcance para que o amor não pare de fluir, e o fará a todos, sem nenhuma distinção.

Na igreja de Jesus não cabe um modelo piramidal de liderança, no qual os mais espirituais lideram os menos espirituais, os mais experientes oferecem cobertura aos novos na fé, ou os fortes orientam os fracos.

A melhor metáfora para ilustrar a liderança é uma linha horizontal. Somos todos iguais na espiritualidade, temos o mesmo DNA – Jesus; estamos seguindo uma única voz e, sob o comando de Jesus na caminhada, servimos uns aos outros para que Seu amor seja repartido com todos os que ainda não O conhecem.

Na igreja de Jesus, o papel do líder é funcional. Somos iguais na espiritualidade e temos funções diferentes no corpo, mas ninguém é melhor nem mais santo do que o outro. Só existe um Senhor. A única celebridade em uma igreja focada é Jesus, e seus líderes não medem esforços para que Seu nome seja conhecido por todos.

[...] pastoreiem o rebanho de Deus que está aos seus cuidados. Olhem por ele, não por obrigação, mas de livre vontade, como Deus quer. Não façam isso por ganância, mas com o desejo de servir. Não ajam como dominadores dos que lhes foram confiados, mas como exemplos para o rebanho. Quando se manifestar o Supremo Pastor, vocês receberão a imperecível coroa da glória (1Pedro 5.2-4).

Multigeracional

Quando falamos de funcionalidade da liderança, pensamos em diversidade de dons, experiências e formação. Temos na nossa equipe de líderes pessoas amigas que ouviram a música de Jesus e decidiram se unir à orquestra para tocar em conjunto.

Uma equipe de líderes orientada pela voz de Jesus busca a unidade dentro da diversidade na qual está formada. Se o alvo é Jesus, acreditamos que a diversidade nos ajudará a ser ainda mais unidos ao redor dele. Além disso, seremos mais abrangentes e assertivos nas percepções, pois diferentes pontos de vista de um mesmo assunto nos trazem riqueza em detalhes e qualidade nas decisões sobre um tema.

Uma equipe com diversidade de dons se completa e trabalha de forma ainda mais ajustada através da cooperação. Gosto de pensar na diferença de origem e formação, pois as experiências em culturas diferentes fazem com que tenhamos uma visão mais ampla do mundo de hoje. A diferença geracional, por sua vez, nos ajuda a entender o mundo de hoje e como as coisas funcionam na diversidade de cada tribo.

Atualmente trabalho com uma equipe multigeracional; ao contrário do que pensam alguns, isso não tem sido um grande problema, e sim uma fonte de sabedoria, energia e equilíbrio na tomada de decisões. Temos na equipe pastoral 3 pastores com idade superior a 65 anos e 2 com mais de 40 anos de ministério; 4 pastores estão entre 38 e 45 anos, com todas as características da geração X; 2 pastores pertencem à geração Y, que são extremamente ligados às novas gerações. Os mais antigos nos ajudam a ser mais sábios, os mais jovens nos trazem energia e recursos tecnológicos, e os pastores que estão no meio da geração – grupo ao qual pertenço – trazem coragem e equilíbrio ao compasso do grupo.

Existe uma história popular africana que nos fala sobre os "leões velhos" e os "leões novos". A moral da história é que ambos precisam trabalhar juntos para sobreviver. Os leões velhos sabem onde está a caça, mas não conseguem correr para pegá-la; já os leões novos conseguem correr, mas não sabem onde encontrar a caça. Quando trabalham juntos, os leões velhos dizem onde está a caça, e os leões jovens correm para pegá-la; então eles saciam a fome juntos e não morrem de fome.

Acredito na liderança em igualdade, e isso é viável e saudável entre as diferentes gerações; além disso, é algo que honra o nome de Deus e serve de grande impacto na vida das pessoas ao redor.

COLETIVA

Um dos grandes problemas que a Igreja evangélica vem enfrentando nos últimos anos é a falta de coerência e os escândalos morais e financeiros que seus líderes desencadeiam diante da sociedade, como consequência da perda de foco e mudança ao longo do caminho. Em vez da bacia e da toalha, miraram o dinheiro e o poder. Deixaram de servir para ser servidos. Deixaram de lado a simplicidade do evangelho e abraçaram o luxo e as riquezas terrenas de uma teologia segundo a qual a verdadeira espiritualidade tem como evidência uma vida próspera e bem-sucedida.

Líderes que têm Jesus como modelo e fonte de inspiração trabalham com a motivação de amar Jesus e amar as pessoas que Ele ama. O alvo de um líder precisa ser o bem comum do grupo: cuidar de pessoas no longo prazo, orientando-as no sentido de procurar ser quem Jesus planejou que elas fossem.

Líderes focados em Jesus põem os holofotes em direção ao nome de Jesus e do coletivo; seu nome não aparece. Eles entenderam que o importante na vida é completar a carreira, guardar a fé e ter o privilégio de ser usado por Deus para estabelecer o Reino. Eles trocam o "eu" pelo "nós" e sabem respeitar e valorizar os colegas e suas ovelhas.

Quando apoiamos uma pessoa, o importante é que ela fique próxima de Jesus, não abaixo da nossa visão e autoridade espiritual. Quando apoiamos um projeto, o importante é que o projeto aconteça, não que o nosso nome ganhe direitos autorais. Durante a minha própria jornada, vi líderes que, por imaturidade e insegurança, apresentavam publicamente um projeto ou ideia como a visão de Deus que ele havia recebido, quando, na verdade, um membro de sua equipe havia sonhado com aquilo ou, então, era fruto de algo que ele vira em outro lugar – tudo para não perder a "liderança".

Líderes focados em Jesus trabalham pelo bem coletivo e para o nome de Jesus ser exaltado. O importante é que o "quadro" seja pintado, e não quem vai assinar o quadro. Líderes focados em Jesus entendem que é de Jesus o querer e o realizar e que todos nós somos cooperadores de Deus.

12 "CÊS"

Anos atrás, quando li o livro *Liderança corajosa*, de Bill Hybels, aprendi o que o autor definiu como perfil dos membros de sua equipe: os 3 "cês". Para fazer parte da equipe da Willow Creek, a pessoa deveria ter Chamado, Caráter e Combinação, no sentido de "química", para trabalhar com ele.

Por que devemos definir o perfil de uma equipe de liderança da igreja? Acredito que o jeito de ser da comunidade será um reflexo de sua liderança; portanto, precisamos estar bem ajustados com Jesus quanto ao jeito de ser para não impedir o que Jesus deseja fazer. Durante o processo de formação da equipe ministerial da IBMAlphaville, seguindo a ideia de Bill Hybels, definimos as características que entendemos que um líder de Jesus precisava ter para se unir ao nosso grupo. Não se trata de uma definição absoluta e final, mas são os pontos relevantes atualmente.

Poderíamos destacar muitos outros, mas escolhemos os seguintes "cês" da nossa equipe:

Cooperação

Um líder precisa estar disposto a colaborar com outros líderes e com o rebanho. O contrário da cooperação é competição. Na cooperação, todos ganham; na competição, apenas um ganha. Na equipe de Jesus, não existem perdedores, pois o alvo da equipe é que Jesus seja glorificado em cada decisão e ação; ao prejudicarmos alguém, prejudicamos Jesus. Um líder da IBMAlphaville tem sua individuação respeitada, mas serve coletivamente e trabalha pelo bem da igreja local.

Comunicação

Uma das maiores causas de conflito em uma equipe e fonte de tensão entre as pessoas é a falta do "sim" e do "não". Quando não existe a clareza do sim e do não, abre-se espaço para a atuação maligna. A função do líder na equipe é trabalhar para definir o que é "sim" e o que é "não", e manter isso em todos os ambientes para que o Inimigo não tenha brecha nas relações mútuas. Para isso, o líder precisa se comunicar com eficácia, ser coerente e manter os diferentes canais de comunicação em dia. Se há falha na comunicação, certamente teremos sinais confusos e um ambiente turbulento. Se os sinais são claros, o ambiente permanece calmo, e existe paz em cada passo e decisão.

Captação

Um líder precisa ser uma pessoa atenta e conectada com o que está acontecendo. Precisa ser capaz de fazer uma leitura crítica do ambiente, de modo que esteja apto para tomar decisões sábias e amorosas. Como nos disse Jesus, devemos ser inocentes como a pomba e prudentes como a serpente. Um líder precisa estar atento para perceber oportunidades e ameaças e, assim, agir para que a comunidade seja preservada.

Cura

Um líder que caminha com Jesus sabe que a presença dEle pode curar qualquer realidade e entende que, por causa do pecado, pode existir em sua vida alguma área que precise ser tocada pela graça de Cristo. Diante dessa realidade, faz sua parte para ser avaliado e se abre para ser tocado por Jesus. Aquilo que não é confessado não pode ser curado, e um líder precisa admitir suas debilidades e impotências e ter compromisso com sua própria recuperação.

Coerência

A credibilidade de um líder é proporcional à sua coerência. Quando Jesus lidera uma equipe, não existe o pensamento "Faça o que eu mando, mas não faça o que eu faço". Um líder precisa agir de acordo com o que ensina. Falar de amor e amar. Pregar sobre perdão e perdoar. Ensinar sobre unidade no Reino de Deus e respeitar as igrejas que têm costumes e paradigmas diferentes dos de sua comunidade. A coerência é fruto de quem tem compromisso com a verdade, pois prega e vive a verdade.

Celebração

Uma equipe não pode deixar de celebrar. Em 2013, tive um longo período de enfermidade e por isso me ausentei das atividades comunitárias por 60 dias. Nesse período, a equipe aprendeu que devemos viver contentes e gratos em qualquer situação. O ponto de partida é a satisfação, não a escassez. Uma equipe precisa agradecer por tudo o que tem, e não lamentar o que pensa faltar. A evidência da gratidão é a celebração. Celebre cada pequeno passo, pois as grandes conquistas dependem de pequenas decisões e escolhas acertadas.

Continuidade

Não se constrói uma comunidade em pouco tempo. A vida comunitária é feita de uma somatória de histórias de vida. Quanto mais tempo um líder permanece em uma comunidade, maior é o envolvimento com as pessoas, maior é a profundidade nos relacionamentos e mais significativas e visíveis são as transformações de vida. Um líder deve ter uma visão de longo prazo e condições para que isso aconteça. Na nossa equipe, todos somos livres, e o nosso compromisso é servir com integridade no lugar para o qual Deus nos enviar. Não amaldiçoamos os que decidem ir para outra comunidade nem achamos que perdemos a fé e os vínculos em Jesus; apenas desejamos que cada membro da equipe tenha convicção de que Jesus o está orientando em todas as fases ministeriais e da vida comunitária.

Coração

Todos os membros de uma equipe precisam ter um coração pastoral e amar as pessoas. Quando um líder perde a capacidade de sentir a dor do outro e ter compaixão pelo sofrimento de quem está perto, deixa de ter as características necessárias para ser parte de uma equipe de ministério na igreja. Precisamos de trabalho, energia, planos, racionalidade, mas não podemos perder a sensibilidade. Queremos sentir e amar como Jesus, mas também decidir e agir como Jesus!

Coragem

Coragem não é a ausência de medo, mas, sim, a disposição para lutar e enfrentar os desafios. Um líder que reconhece suas limitações e é inspirado por Jesus tem coragem para mudar o que pode mudar, serenidade para aceitar o que não pode mudar e sabedoria para discernir entre uma realidade e outra. Liderar uma igreja e cuidar de gente é um grande desafio que deve ser enfrentado por pessoas corajosas e dispostas a lutar contra as forças do Mal, crendo que em Jesus somos mais que vencedores.

Catalisação

Em química, um catalisador é um agente que acelera os processos que estão acontecendo entre diferentes elementos, sem ser consumido durante esse processo. O líder precisa ser um catalisador para juntar pessoas de diferentes origens e formação e saber integrá-las na jornada comunitária, sem que para isso se desgaste e se esgote. Líderes unem pessoas. Líderes somam forças. Líderes permitem que outras pessoas brilhem e vibram com o sucesso delas.

Consciência

Todo líder deve se conhecer muito bem e saber suas próprias virtudes e debilidades. Deve conhecer sua identidade em Cristo, bem como as limitações da natureza humana. Quando um líder tem consciência de quem ele é, consegue perceber quem Deus é. Um líder não pode ter uma visão errada de si mesmo. Quando ele pensa mais de si do que realmente é, torna-se vaidoso e autossuficiente; quando pensa menos de si mesmo, corre o risco de se deprimir e perder a oportunidade de fazer diferença com seus dons e talentos. Um líder sabe que não é nada por si mesmo, mas torna-se muito especial quando põe Jesus à frente de todas as coisas.

Combate

Quando estou com a agenda cheia e recebo uma ligação em que a pessoa do outro lado me pergunta como estou, logo respondo: "Estou bem... combatendo o bom combate". Um líder precisa ter a disposição de lutar diariamente e não medir esforços, a fim de não ser um obstáculo aos movimentos de Deus em sua vida e através dela.

Para finalizar este capítulo sobre liderança, gostaria de expressar a essência do que penso sobre liderança e explicar como funcionamos na IBMAlphaville.

Acredito que a liderança de uma igreja deva ser um grupo de amigos, unidos em Jesus, que cuidam da Igreja de Jesus. Esse conceito é uma realidade na nossa comunidade. Não temos reuniões indigestas, não temos assunto proibido e discutimos ideias e sonhos buscando sempre discernir o que Deus tem para nós.

A equipe de liderança da igreja, que chamamos de conselho geral, é formada pelo conselho de cada uma das seguintes áreas: administração, adoração, missões, novas gerações e cuidado pastoral, além dos líderes de pequeno grupo. O conselho geral é liderado pelo pastor titular, que tem a responsabilidade, como o maestro de uma orquestra, de manter o grupo alinhado com a música – Jesus – e com as diferentes ações ministeriais, criando sinergia entre as áreas para que todos caminhem na mesma direção e velocidade.

Cada conselho tem um limite de autonomia dentro de sua área, e trabalhamos em um sistema matricial no qual todas as áreas são interdependentes e orientadas pela visão e pelos alvos gerais da comunidade. Cada conselho tem um pastor em tempo integral que dá suporte e coordena a equipe de líderes que servem em tempo parcial e sem remuneração. As reuniões da equipe de tempo integral acontecem semanalmente, e o conselho geral se reúne mensalmente para atualização de informações e oração.

O nosso ambiente é fraterno, sem competição. Mantemos uma agenda única de transparência, sem exposição desnecessária. Temos um ambiente de cooperação e igualdade. Confrontamos ideias e amamos as pessoas. Cada um tem procurado servir em um lugar que combine com sua paixão, com seus dons e com sua disponibilidade de tempo. Como pastor desse grupo, posso afirmar que estou realizando um sonho ao ver uma equipe de liderança de igreja muito comprometida, competente, amorosa e verdadeira, que reflete Jesus!

É possível ser líder de uma igreja e ser feliz! Acredite! Basta ser líder e servir em uma equipe que se parece com Jesus.

Mobilização de pessoas

> Tudo o que dizemos será inútil se não for confirmado pelo que fazemos.
>
> Jonathan Edwards

> A oração não nos prepara para o maior trabalho, a oração é o maior trabalho.
>
> Oswald Chambers

Sempre me disseram que uma característica marcante da minha liderança é a mobilização de pessoas. Confesso que não a via como ponto forte. Para mim, sempre foi algo natural mobilizar, desafiar pessoas, criar processos e realizar as tarefas que me eram dadas como responsabilidade. Acredito que esse fato tem relação com a minha criação e com habilidades que fui desenvolvendo quando trabalhava na empresa da família.

O fato é que considero a mobilização e a realização algo muito importante em uma igreja. Sonhar é bom, mas ver o sonho realizado é melhor ainda. No momento em que concluímos um projeto e tornamos visível uma ideia, conseguimos enxergar o transcendente no ambiente coletivo. Sem contar que as pessoas se animam quando percebem que estão em um ambiente onde as coisas acontecem.

Quando se fala em mobilização e realização, podemos partir de sistemas existentes e implementá-los ou criar novos sistemas e colocá-los para funcionar com os recursos de que dispomos. Em geral, encontramos o primeiro caso. Seja qual for o caminho, acredito que é muito importante sonhar, contagiar e realizar sonhos na comunidade. Trata-se de uma habilidade que pode ser aprendida e aplicada em concordância com os dons espirituais do líder, a fim de que a comunidade seja fortalecida e desenvolvida.

Até começar a escrever este livro, nunca havia pensado nos passos e paradigmas que orientam um processo de mobilização e realização de sonhos. Mas, ao refletir sobre o tema, descobri aspectos interessantes que nos ajudam a compreender esse processo.

O *Big Picture*

Comece sempre com o fim em mente. Quando você tem um sonho, é importante que esse sonho tenha uma imagem final e que você tenha condições de descrevê-lo em detalhes. Como será, quais objetivos serão alcançados, quantas pessoas poderão ser beneficiadas e de que maneira um determinado projeto poderá estabelecer o Reino de Deus. Ao falar publicamente de uma ideia, é necessário que o líder já tenha o panorama geral e final diante dos olhos. Tão importante quanto enxergar o quadro é saber dizer como esse quadro será e responder às perguntas que estão na mente das pessoas.

Quando um grupo apostar na ideia do líder e crer que ele é capaz de realizá-la, não medirá esforços e tomará a decisão de se engajar e assumir compromissos para sua realização. Nada acontece até que alguém sonhe, mas é importante organizar o sonho para que ele não se torne um pesadelo.

A canoa em movimento

Alguém precisa acreditar em uma ideia a ponto de se dedicar, ainda que sozinho, para que ela se torne realidade.

É bastante difícil começar um projeto ou dar o primeiro passo na realização de um sonho. Em geral, o líder será a pessoa que fará o primeiro movimento. Digo sempre à minha equipe: "Coloque a canoa para navegar", pois sei que depois disso outras pessoas se aproximarão e entrarão para ajudar a remar.

Ninguém quer entrar em uma canoa furada, mas todos querem apoiar algo que está dando certo e que sabe para onde vai. Não meça esforços para implementar uma ideia, porque, depois disso, você atrairá pessoas que possam apoiá-lo; desse modo, seu sonhos serão cada vez mais reais, e a execução será cada vez mais suave.

O recurso disponível

Um mobilizador não olha o que falta, mas trabalha com o que tem. Se você tiver todos os recursos disponíveis para a realização de um sonho, significa que você sonhou pequeno. Quando o sonho é algo que abençoará muitas pessoas, ele é maior do que você e maior do que aquilo que você pode fazer com as próprias forças. Cresci ouvindo que dinheiro a gente tira da cabeça, não do bolso. Isso significa dizer que você precisará de ideias para alcançar os recursos necessários a fim de implantar um sonho. Os recursos são financeiros, mas também são humanos; isto é, atraia pessoas que acreditam nos seus sonhos e que estejam disponíveis para trabalhar com você.

Lembre-se de que para mobilizar é preciso manter a "chave" na abundância, não na escassez.

A ATENÇÃO

O mobilizador precisa estar atento a todos os detalhes que podem se tornar oportunidades ou problemas. Se for uma oportunidade, agarre-a rapidamente, pois oportunidades que se vão não voltam mais. Se for um problema, resolva-o o mais rápido possível. Problemas acumulados ou problemas não devidamente resolvidos tendem a limitar a ação, o que causará desânimo aos parceiros. Em geral, os mobilizadores são proativos, o que é muito bom, porque a atenção pode ajudar a desarmar um problema e enxergar potencial em pessoas e situações que poderiam passar despercebidas.

O EXEMPLO

Líderes que mobilizam fazem junto. Ouvi na minha infância: "Quem quer faz, quem não quer manda". As pessoas confiam e querem seguir um líder que dá exemplo. Não escolha tarefas; prefira definir prioridades e conceitos, e não meça esforços para que eles aconteçam.

Um caso clássico no início do trabalho com a comunidade IBMAlphaville foi a preparação semanal do ambiente de adoração. Sabemos muito bem que não podemos proporcionar uma experiência espiritual a nenhuma pessoa, mas podemos preparar o ambiente para que ela se encontre com Deus. Esse ambiente deve ser bem arrumado, com perfume e decoração agradável; ou seja, tudo em harmonia. Como implementar esse conceito em uma comunidade com 40 membros, sendo você o único remunerado para trabalhar em tempo integral? Durante os primeiros meses, arrumei sozinho as cadeiras, coloquei as flores e os perfumes e dediquei atenção às luzes. À medida que o tempo passou, surgiram voluntários, que me ajudavam a fazer esse trabalho; depois veio a equipe; hoje tornou-se um valor para o grupo, e já não preciso me dedicar a esse trabalho, o que significa que posso chegar no horário, porque sei que o ambiente estará devidamente preparado. Se você dá o exemplo, outros se animarão em ajudar.

A FÉ

Quando você acredita que Deus quer uma coisa e está ao seu lado para realizá-la, certamente irá em frente com muito mais ânimo e conseguirá contagiar as pessoas. É preciso trabalhar, mas também é preciso crer.

Ter fé é enxergar o que ainda não existe. É descansar, que Deus proverá todos os recursos, porque a obra é dEle, feita do jeito dEle e com recursos dEle. Ter fé é saber que Deus é poderoso para suprir muito mais do que você pediu ou pensou.

Um mobilizador precisa ter fé e ser responsável, mas sem perder a sanidade. Calcule os passos. Dê passos de fé, mas não ponha Deus na parede. Para fazer planos, avalie e conheça quais são os seus recursos; em seguida, dê um passo de fé para realizar aquilo que é maior do que você.

Deus deseja fazer coisas novas e impactantes em determinado lugar, e Ele usará pessoas que sonham coisas maiores do que elas e que dependam de Deus para não fracassar.

OS FORTES

Ao longo da minha jornada, tive mentores muitos especiais e um conselho que recebi ainda na juventude: "Trabalhe com o melhor de cada pessoa e assim você sempre terá gente boa do seu lado". Foque o ponto forte de cada pessoa, não as limitações. Todos temos pontos fortes que podem ser usados para abençoar e debilidades que devem ser deixadas de lado, para não impedir os movimentos de Deus na nossa vida.

Como mobilizador, enxergue o melhor das pessoas. Uma pessoa disposta sempre tem algo com que contribuir e servir no Reino de Deus.

Sofrimento

Nossa mente tem a tendência de valorizar coisas que não dão certo e esquecer coisas que estão certas. Uma pessoa descontente contagia mais pessoas do que uma pessoa feliz é capaz de fazer. Como líder, você deve ter muito cuidado para não se perder nessa direção. Não sofra por coisas pequenas. Sofra pelo que vale a pena. Coisas pequenas são aquelas que não saíram como você queria, mas que não prejudicam a essência nem comprometem a realização do trabalho. Grande é tudo o que é imprescindível a cada fase do projeto. Se é para sofrer, que seja para dar atenção e valorizar o que é grande. Isso o ajudará a manter o ânimo e o foco no processo de desenvolvimento e implementação da ideia. Minimize os problemas e máximize as oportunidades!

Um a um

Gosto muito de fazer churrasco, e uma das técnicas que uso para acender a churrasqueira é separar alguns pedaços de pão, encharcá-los com álcool, espalhá-los estrategicamente ao longo da churrasqueira e atear fogo. Esses pontos incendiários aquecem os demais pontos, e, em pouco tempo, toda a churrasqueira estará pronta para assar a carne.

Oásis

Mobilizar é como acender uma churrasqueira. Motive uma pessoa, e ela motivará outra, que motivará outra; em breve, um grande grupo estará fazendo diferença no mundo.

A GRATIDÃO

Quem mobiliza precisa agradecer. O agradecimento significa valorizar quem nos ajudou e demonstra que damos mais importância à pessoa por quem ela é do que por aquilo que faz. Agradecimento é cuidado. Quem cuida tem, mas quem não cuida perde.

Agradeça de um modo pessoal e especial que faça com que a pessoa que o apoiou perceba quanto ela foi usada por Deus. Esse sentimento a ajudará a entender como ela pode ser útil no Reino, e trará estímulo aos novos projetos.

A FESTA

É preciso comemorar. Tenho por costume iniciar e encerrar um projeto com uma festa. Pode ser um simples jantar, um café especial, uma pizza de agradecimento. Precisamos celebrar cada conquista.

Celebre as grandes conquistas, mas celebre cada passo por menor que seja. A festa motiva os colaboradores e os ajuda a relaxar para enxergar os próximos desafios.

Um processo de mobilização começa com a concepção de um sonho; segue com o compartilhamento do sonho; avança com a elaboração de um plano de ação, que facilite a implementação por meio do exemplo e da utilização dos recursos disponíveis; prepara-se, em seguida, a fase de receber mais pessoas e agregar valor à ideia até que o sonho se torne em realidade. Uma vez realizado, agradeça a todos os participantes e celebre a conquista com uma festa.

Jesus é a fonte, e tudo que é bom vem dEle. O nosso papel na realização de um sonho é não atrapalhar o que Ele quer fazer. Não atrapalhamos Deus quando reconhecemos que, sem Ele, não podemos fazer nada e, ao mesmo tempo, quando usamos toda a nossa inteligência para cooperar com Ele fazendo o que está ao nosso alcance.

Colocar a canoa para navegar é ótimo. Vê-la cheia de gente não tem preço. Saber que há mais gente preparada para ser desafiada e contribuir é uma necessidade. Que você faça parte do grupo que está pronto para desafiar pessoas a viver os sonhos de Deus e a se engajar nos projetos que Ele quer implementar no mundo.

Margens do rio

> Nunca me canso de dizer que aquilo de que a Igreja mais necessita não é organizar campanhas de evangelização, a fim de atrair as pessoas que ainda estão do lado de fora, mas começar, ela mesma, a viver a vida cristã.
>
> Martyn Lloyd-Jones

Não temos um planejamento estratégico quantitativo com metas e alvos preestabelecidos. Trabalhamos em um planejamento que nos dá a diretriz para ser uma comunidade focada em Jesus, que recebe, celebra e reparte tudo o que ele quiser nos dar. Esse planejamento nos ajuda também a pensar nas pessoas de todas as faixas etárias e como podemos apoiá-las para que vivam o que Jesus planejou para elas.

Em linguagem metafórica, dizemos que o nosso planejamento define as margens do rio, e Jesus nos dará a profundidade, a extensão e as sinalizações necessárias para cada trajeto desse rio.

Temos uma revista bimestral chamada *Comunidade*; em cada um de seus números procuramos priorizar algumas das sinalizações necessárias para o nosso rio, cuja extensão será do tamanho que Jesus definir; o nosso esforço limita-se em manter a saúde e o equilíbrio do rio.

Compartilho aqui alguns editoriais veiculados na nossa revista que permitirão ao leitor ter uma visão panorâmica e pontual sobre o que é uma comunidade focada em Jesus. Esses artigos são o nosso "sim" e o nosso "não" diante de vários temas comuns em uma comunidade.

Uma igreja nova para um mundo novo[5]

Uma grande oportunidade que Deus está nos dando é a de construir uma igreja nova para um mundo novo. Não falo de repetir estruturas ou experiências que deram certo e apenas contextualizá-las. Falo de igrejas que têm uma mente nova e que construirão novos paradigmas a partir da realidade atual.

Quando falo de uma nova igreja, não estou me referindo a diferenças entre igreja tradicional e renovada, restaurada e revitalizada, e sim de uma igreja reformada. A igreja reformada não é uma "invenção da roda", mas o resgate de uma igreja que teve seus princípios estabelecidos no livro de Atos. Hoje, creio eu, a igreja está desvirtuada de seu plano inicial por valorizar mais a ação humana e depender menos do poder do Espírito.

Essa nova igreja compreende os famintos e sedentos por Deus e quer que eles se conectem com o Deus verdadeiro. A nova igreja promove uma espiritualidade saudável, íntegra, vigorosa, não uma religião feia, raquítica, odiosa, insípida ou anoréxica. Ela está aberta para nascer, inventar-se, reinventar e reformar o que for preciso ao mesmo tempo em que é ortodoxa quanto à Palavra de Deus.

Está aberta para receber pessoas e reconhece que a jornada é o que importa, e não os meios que utiliza. Está disposta a deixar o medo e a incerteza

---

[5] Os artigos aqui transcritos, e ajustados para o propósito desta publicação, foram veiculados originalmente na revista *Comunidade*, publicada pela IBMAlphaville, entre os anos 2012 e 2014, e são da autoria de Sidney Costa. (N.E.)

para dar "boas-vindas" ao futuro. Não pensa que descobriu a fórmula, mas sabe que sempre terá de se ajustar para ser relevante, pois, enquanto houver pessoas, haverá problemas; enquanto houver história, haverá luta; enquanto a igreja existir neste mundo atribulado, ela competirá palmo a palmo com os portões do inferno, mas irá derrotá-lo.

A nova igreja tem bem claro que sua missão é a missão de Deus. Por isso, por meio de líderes íntegros, dispostos a aprender e comprometidos com a missão de Deus, trabalha para que sejamos uma autêntica comunidade de discípulos que existe para o bem do mundo.

Se estamos no novo mundo, precisamos de uma nova igreja. Não precisamos de uma nova religião, mas de uma nova estrutura para a nossa teologia. Não precisamos de um novo espírito, mas de uma nova espiritualidade; não precisamos de um novo Cristo, mas de um novo cristão. Não precisamos de uma nova denominação, mas de um novo tipo de igreja em todas as denominações.

Eu acredito que isso é possível, e é nessa direção que estamos caminhando!

Seja bem-vindo ao futuro! E venha ser nosso parceiro nesta caminhada!

GENEROSIDADE

Não queremos pedir o seu dinheiro. Não queremos incentivá-lo a "semear" em troca de receber mais. Não queremos que você dê o dízimo com medo de Deus, do "devorador" ou coisa que o valha. Não queremos que você seja abusado por ninguém; tampouco que deixe de ser generoso por ter sido ferido ou por não entender bem onde encontrar o equilíbrio e a motivação correta.

A religião fez tantas imposições e distorções acerca da generosidade que as palavras de Jesus acabaram esquecidas e mal utilizadas. De fato, a Bíblia fala mais de dinheiro do que de céu. No entanto, isso acontece mais pelo poder de atração que o dinheiro causa no ser humano. O dinheiro dá a sensação de que não precisamos de Deus e de que damos conta de nós mesmos.

Contudo, generosidade é muito mais do que dar dinheiro. Generosidade é o ânimo de quem entendeu que todo o bem que possui foi concedido por Deus e deve ser empregado segundo a vontade dEle. Generosidade (ou a falta dela) tem a ver com os três "tês" que Deus nos deu para administrar: Tempo, Tesouros e Talentos. Não só o seu salário, mas o seu carro, a sua agenda, as suas habilidades, toda a sua vida são necessariamente administradas de acordo com o seu Deus. A questão é quem tem ocupado esse lugar. Se for o Deus e Pai de Jesus Cristo, você administrará de maneira generosa, assim como ele é generoso. O objetivo é que o amor chegue ao lugar onde precisa chegar.

Uma vida generosa é uma vida que abre caminho para ser usada por Deus para repartir amor no mundo. Não há nada mais prazeroso e intenso que isso. Não ser generoso, além de ser incompatível com a vida cristã (pois os avarentos não herdarão o Reino de Deus, conforme 1Coríntios 6.9-11), não é sábio, porque estreita a dimensão da vida com o objetivo de tentar preservar algo que a traça vai comer ou a ferrugem vai corroer.

Parafraseando Jim Elliot, jovem missionário que morreu aos 28 anos de idade trabalhando com índios no Equador: "Não é tolo aquele que dá o que não pode reter para ganhar aquilo que não pode perder". O nosso desejo é que você viva todos os propósitos que Deus tem para a sua vida. Não queremos que você seja possuído por aquilo que pensa possuir. Viva generosamente a vida generosa que Deus tem para você.

O QUE ESTÁ FORA DE ORDEM?

Certa vez o jornal *London Times* pediu a alguns escritores que respondessem à pergunta: "O que está errado com o mundo?" Um deles era o pensador católico G. K. Chesterton, que respondeu sucintamente, e com todo o seu peculiar bom humor:

> "Prezados senhores,
> Eu estou.
> Atenciosamente,
> G. K. Chesterton."

Sem a compreensão de que há algo corrompido em cada um de nós, ficamos encontrando culpados. Pode ser o governo, o sistema econômico, o sistema educacional, os corruptos do governo, os omissos do governo ou da sociedade, a mídia, a indústria farmacêutica, a indústria bélica. Não faltam bodes expiatórios. Apenas quando entendermos que há um mal que habita em nós e que somos todos igualmente corrompidos, carentes da intervenção divina, é que teremos alguma chance de mudança.

A Igreja de Cristo é uma comunidade que se viu falha e aceitou a proposta de Jesus para uma nova vida. Uma comunidade que ouviu a verdade e aceitou uma vida limpa, livre e leve. E que, depois disso, se engajou na missão de Deus para anunciar a toda humanidade que Jesus está batendo à porta para cear conosco.

Muita coisa está fora de ordem neste mundo e por um único motivo: o coração do homem. É de lá que procede toda a vida humana. E só Jesus pode resolver o coração humano. É por isso que a nossa comunidade está engajada em levar Jesus ao mundo e, com isso, trazer ordem para onde só havia caos. Pode ser que isso implique construir uma sala de informática em uma aldeia indígena no interior de Roraima. Pode ser que isso signifique promover grupos de apoio para recuperação de feridas emocionais ou dependência química. De qualquer forma, vamos fazer tudo o que estiver ao nosso alcance para amar quem Deus quer amar por meio de nós.

São muitas iniciativas. Envolva-se nesta linda história de recuperação que Deus está escrevendo conosco e por meio de nós.

Depressão existe?

Custei um pouco a aceitar que estava deprimido quando fui diagnosticado pela primeira vez com um quadro depressivo. Há muita confusão e preconceito, especialmente entre os evangélicos, por supor que a depressão seja culpa da pessoa ou resultado de alguma desordem espiritual.

Experimentei alguns momentos de muitas sombras, mas não no sentido espiritual. Deus sempre esteve comigo. Eu, que sempre estive acostumado com o agito e a festa que há nas faixas de areia e debaixo do sol, me vi no fundo de um mar escuro, silencioso e solitário. O corpo doía, a mente não encontrava motivação e logo se cansava. Conviver cansava. Meus amigos e familiares percebiam que algo não estava bem. Até que vieram o diagnóstico e a notícia de que eu precisaria ser medicado. Foi uma surpresa. Mas, aos poucos, entendi que era um processo que eu estava vivendo, e só me cabia aceitar e caminhar rumo à recuperação.

Percebi, no entanto, que a esses momentos se seguiam momentos de grandes movimentações de Deus na minha vida. Algumas vezes, estive fisicamente deprimido e percebi que aquele fundo de mar que vivi foi um momento importante para me preparar para novos desafios na faixa de areia, debaixo do sol.

Notei que algo assim havia acontecido com Jonas, que, depois de quase morrer, teve uma das mais profundas experiências com Deus. O mesmo aconteceu com Jacó, que foi encontrado por Deus em sua aflição e solidão. Deus lutou com ele e o fez tirar forças de onde nem imaginava. Logo em seguida, experimentou o abraço perdoador do irmão Esaú.

Hoje, tenho certeza absoluta de que, independentemente da nossa situação emocional, física ou espiritual, em Jesus temos a fonte de saúde e de paz. Ele não só está interessado na nossa recuperação, como também é o maior interessado. Ele veio na nossa direção. Ele deu a vida na cruz para que tivéssemos vida em abundância. E é Ele que nos chama para fora da caverna. Ouça sua voz. Talvez tenha chegado a hora de você aceitar esse convite e ir para fora. Queremos apoiar você! Vamos juntos?

Oásis

DE UM LOCAL PARA O MUNDO

A África é símbolo de Missões. É a África que continua a nos indagar o que estamos fazendo com tantos recursos que ainda não fomos capazes de erradicar a pobreza e a fome. Estive em Angola em 1994, trabalhando num campo de refugiados, e guardo fortes lembranças daquela realidade de guerra. Aprendi como podemos viver com pouco, como há gente que não tem nem o mínimo para viver. E lá foi confirmado no meu coração que nós existimos para amar e transformar o mundo. Mas as Áfricas estão por toda parte. Há gente carente de pão, gente carente de afeto, tanto nos rincões angolanos quanto no melhor shopping da nossa cidade.

Estamos organizados e apoiamos 18 projetos que combatem em quatro frentes: Assistir os vulneráveis, que são os que não têm acesso ao básico antes de qualquer outra coisa. Mobilizar a próxima geração, porque o futuro depende do que estamos plantando no presente. Apoiar comunidades do Reino, porque, se mais igrejas agirem para transformar o mundo, o mundo será diferente. Recuperar pessoas, porque Jesus veio para os doentes, não para os sãos. Resumimos isso na palavra AMAR.

Desafio você a amar; amar onde está: no quarto ao lado da sua casa, na casa ao lado no seu condomínio, na mesa ao lado no seu escritório e por onde você passar. Gostaria que você tivesse a África em mente, mesmo quando olha para realidades supostamente luxuosas, porque o que se vê é transitório, mas o que não se vê, isso sim, é que é eterno.

Quero também desafiar você a amar de forma mais engajada, participando da adoção dos projetos em que estamos nos envolvendo. Pergunte a Jesus como Ele quer que você participe. Logo de início, queremos desafiar você a participar financeiramente, porque temos um alvo para adotar todos os projetos. E, ao longo dos próximos meses, você será desafiado a se envolver pessoalmente em algum dos projetos apoiados. Porque ninguém nunca dá nada se não dá de si mesmo.

Para nós, a vida cristã, que é Jesus em nós, se vive recebendo, celebrando e repartindo o amor de Deus. Ninguém dá sem receber. E nós temos recebido muito, celebrado muito. Está na hora de repartir do amor de Deus, partindo de Alphaville para o mundo.

Ganhar sem perder

Certa vez, um jovem missionário norte-americano deixou uma vida confortável e sua família em direção ao Equador para falar de Jesus ao povo indígena daquele país. Lá se apaixonou por uma de suas colegas missionárias e se casou com ela. Depois de uma breve lua de mel no Panamá, voltaram a trabalhar na missão, onde conceberam a única filha que tiveram, depois de dois anos.

Esse jovem missionário, chamado Jim Elliot, e mais três colegas estavam tentando alcançar uma aldeia distante, aonde só se podia chegar de avião. Depois de algum sucesso em contatá-los, decidiram construir uma base no meio da mata e acabaram fazendo amizade com um dos indígenas. Após algumas conversas com ele, sentiram-se encorajados e decidiram ir até a aldeia.

Acontece que esse indígena ocultou as reais intenções da aldeia, que já planejava um ataque e o mantinha ali como informante. Jim e seus amigos foram mortos por 10 guerreiros indígenas.

Quando encontraram o diário de Jim, leram ali a anotação de uma frase proferida por um pregador: "Não é tolo aquele que dá o que não pode reter para ganhar o que não pode perder". Jim estava disposto a abrir mão de sua própria vida para que Jesus fosse conhecido por aquela aldeia indígena, porque sabia que já havia ganhado uma vida que nunca poderia perder.

A vida é feita de perdas e ganhos. Ninguém fica com a taça da Copa do Mundo para sempre. Ninguém ganha todas as partidas. Ninguém é bom sempre. Ninguém vive mais do que seus dias. Só Jesus. Ele é o único a quem Deus aceita como perfeito. É o único que pode entrar em sua presença sem culpas. Pelo fato de ter sido impecável, foi morto no nosso lugar, pagando pelos nossos erros.

Para ganhar sem perder, é preciso escolher de que lado do jogo estamos. Porque um dos lados certamente perderá. E o resultado já foi, há muito tempo, anunciado. Até a morte foi vencida por Jesus. O mundo visível e tudo o que ele pode oferecer já está passando. Daqui não levaremos nada. Mas a vida que temos em Jesus é plena, verdadeira, inabalável e nunca passará.

A boa notícia é que isso tudo é de graça. Quem pagou a conta foi Jesus. Nós abrimos mão do que certamente perderemos para ganhar o que não merecemos e não perder nunca mais.

Um mundo em transformação

O que são fronteiras territoriais em um mundo tão conectado que pode ser chamado de "aldeia global"? O que significa a história para quem vive imerso em um universo digital, sem espaço e sem tempo definidos? O que significa uma boa notícia de dois mil anos para uma geração que nasceu com acesso ao Google?

O mundo sempre esteve em transformação. Isso não é novidade. Mas as mudanças que hoje vivemos só encontram par no que se refere à profundidade das transformações, nas grandes revoluções que marcaram a história.

A revolução digital não mudou o homem; continuamos corrompidos e carentes da intervenção do alto. A revolução digital não mudou o evangelho; o Jesus encarnado realizou uma obra perfeita no nosso lugar para nos resgatar. Mas a revolução digital mudou a nossa forma de viver e de nos relacionar. Com isso, impôs novos desafios às comunidades de fé.

Como exercemos misericórdia? Como anunciamos o Reino e sua justiça? Como alcançamos os que estão se perdendo? Como cuidamos dos que Deus nos traz? Qual é a língua falada pelas novas gerações? Onde podemos falar para nos fazer ouvir?

Como sugeriu Paulo, só seremos uma igreja "sem rugas", ou seja, sem marcas do tempo, se estivermos atentos ao mundo em que vivemos; se nossos ouvidos estiverem voltados para o clamor dos que estão se perdendo.

Não há inovação possível em bases doutrinárias. Não há nada faltando na nossa teologia. Jesus é tudo o que podemos oferecer, e todo o necessário. Mas o mundo ao qual queremos servir e alcançar já não está onde estava ontem.

Por isso, estamos trabalhando para construir pessoas, não instituições. Por isso, esforçamo-nos para focar as pessoas em Jesus, não em conteúdos, nem em modelos ou celebridades. Por isso, fazemos de tudo que é santo para alcançar a todos que conseguirmos. Por isso, convocamos os nossos irmãos e parceiros de ministério a que se despojem de bandeiras, placas e outras distrações para levar o nosso país e as novas gerações a conhecer e glorificar o nome de Jesus, cientes de que não há limites para o que Deus pode fazer por meio de quem coopera com Ele em sua missão.

Que Cristo você conhece?

Em um país com uma tradição religiosa tão forte quanto a nossa, é difícil encontrar alguém que não conheça Jesus. Sua imagem é cartão-postal da nossa cidade mais famosa, e é quase impossível ignorar a presença de igrejas e eventos religiosos na televisão. No entanto, penso que nunca experimentamos um desconhecimento tão grande acerca de Jesus.

Um rabino disse, certa vez, que uma das formas de desinformar é exagerar na quantidade de informação. Assim como um pouco de água é sanador e muita água pode ser catastrófico, a quantidade de informações sobre Jesus e seus seguidores que é veiculada hoje em dia tem servido mais para desinformar do que para revelar esse homem que dividiu em dois momentos a história da humanidade. Cristo não é uma abstração, não é um conceito flexível que pode ser moldado ao gosto do freguês. Cristo é uma pessoa que viveu e teve parte da vida pessoal registrada por seus discípulos, e que ainda vive, porque ressuscitou.

Não sei qual é o Cristo que você conhece. Não sei se é um Cristo herdado pelas tradições de família, ou se é um Cristo culturalmente construído pelas igrejas que estão na mídia e pela própria mídia. O que eu sei é que Ele está vivo e disponível para que você O conheça pessoalmente. Não se contente com menos do que o próprio Jesus. Por mais que seja muito bom ler sobre Jesus, não há comparação com a experiência de ouvir sua voz, ser tocado por seu amor, receber sua paz incompreensível.

Convido você a abrir o coração ao Cristo vivo que está entre nós e em nós. Que, no nosso convívio, você perceba Cristo agindo e nos fazendo mais parecidos com Ele dia após dia. Que você O veja falando nas páginas desta revista, nas nossas mensagens, nos nossos devocionais, no sorriso de quem estiver trabalhando no estacionamento ou na recepção.

Não temos nada de bom em nós mesmos. Qualquer coisa boa que você vir na nossa comunidade é fruto da presença de Jesus em nós. Queremos ser apenas testemunhas do que Ele fez por nós e do que Ele já fez e ainda quer fazer na sua vida.

Conte conosco nesta caminhada. Queremos apoiá-lo para que você possa ouvir Jesus, amar Jesus, viver Jesus.

REVOLUÇÃO

Quando perguntaram a Jesus quando seria o tempo em que Ele voltaria e em que tudo seria concluído, Ele respondeu:

"Vocês ouvirão falar de guerras e rumores de guerras, mas não tenham medo. É necessário que tais coisas aconteçam, mas ainda não é o fim. Nação se levantará contra nação, e reino contra reino. Haverá fome e terremotos em vários lugares. Tudo isso será o início das dores [...] e numerosos falsos profetas surgirão e enganarão a muitos (Mateus 24.6-8,11).

Não bastasse isso, Jesus ainda acrescenta uma terrível realidade: "Devido ao aumento da maldade, o amor de muitos esfriará" (v. 13).

Nós tendemos a pensar que o caminho é o inverso; que o amor se esfria tanto que a maldade se espalha. Mas Jesus explica que o amor se esfria exatamente por causa do aumento da maldade.

A humanidade tem uma característica divina, que é a capacidade de ser um, uma unidade humana. Foi Deus quem nos fez assim, à sua imagem e semelhança. Por causa dessa característica, somos contagiados e contagiamos uns aos outros, desenvolvemos cultura, modos de ser e agir. A má notícia é que, por causa da desobediência, o ser humano estabeleceu a maldade e o egoísmo como padrão de vida. Estamos todos contagiados por isso.

O amor, porém, é um movimento exatamente oposto à maldade. É um contágio bom, que cura a doença da maldade da qual não conseguimos nos livrar por força própria. Nenhuma força de vontade é forte o suficiente para nos impedir de pecar. Somente se tivermos uma fonte de amor que jorre do nosso interior é que conseguiremos revolucionar as pessoas com as quais convivemos. Não queremos mudar o mundo; queremos ficar firmes em amar sem parar, levando o amor de Deus a todas as pessoas. O amor é revolucionário ao trazer vida a um mundo que está acabado. O amor traz vida a um mundo falido. Esse é o poder da ressurreição.

Deixamos de viver a partir das limitações do pecado. Jesus concluiu: "Devido ao aumento da maldade, o amor de muitos esfriará; mas aquele que perseverar até o fim será salvo".

TODOS PRECISAMOS DE RECUPERAÇÃO

O fato de que temos uma espiritualidade é tão evidente quanto o fato de que temos um corpo. O poeta Mario Quintana traduziu muito bem: "A alma é essa coisa que nos pergunta se a alma existe". O problema é que, no decorrer da vida (e, às vezes, muito cedo), essa alma sofre feridas, abusos; passa a temer o mundo; passa a temer os outros; passa a tentar controlar as pessoas ao redor e desenvolve uma série de mecanismos autodestrutivos. Chamamos a isso "dobras da alma". A alma, que deveria ser um fluxo constante de amor a Deus, a si mesmo e ao próximo, acaba tendo dobras que impedem o amor de fluir livremente na nossa vida.

O Celebrando a Recuperação é o exercício de olhar para esse fluxo e entender o que aconteceu para que fosse interrompido. Em que momento eu parei de amar? Quais são os medos que me fazem querer controlar as pessoas ao meu redor? Quais são as feridas que me impedem de refazer laços?

Quando olhamos para dentro de nós mesmos e nos reconectamos com Deus, vamos aos poucos desdobrando a alma e voltando a amar. Não tenho a menor dúvida em afirmar que Jesus é tudo o que você precisa. O Celebrando é apenas uma ferramenta para direcionar o nosso olhar, organizar os nossos pensamentos e viabilizar o encontro de pessoas que estão juntas, caminhando na mesma direção.

Até hoje, além de Jesus, não conheci ninguém que não se beneficiaria com o Celebrando a Recuperação. Convido você a que tenha o coração aberto para ser trabalhado por Deus. A boa notícia é que Deus não desistiu de nós; Ele tem um profundo interesse em nos amar e capacitar para que cooperemos com Ele em sua grande missão de resgatar a humanidade.

O Celebrando a Recuperação está no DNA da nossa igreja. Em tudo o que falamos, planejamos ou fazemos, o nosso objetivo é criar ambientes nos quais as pessoas sejam bem recebidas exatamente como são e encorajadas a assumir uma possível necessidade de recuperação que apresentem.

Seja corajoso! Abra o coração e esteja pronto para descobrir a vida plena que Jesus está disposto a lhe oferecer. Tenho certeza de que você não vai se arrepender.

Emoções: o que você pode fazer com elas

É fácil perceber como a nossa geração cuida do corpo, da aparência, do bem-estar e até mesmo da saúde física. Mas a saúde emocional é constantemente negligenciada. Há pessoas que nem sequer sabem que existe esse tipo de cuidado. Realmente não é comum ouvir por aí que somos seres espirituais.

A ciência, no entanto, já atribui às emoções uma boa parte da responsabilidade sobre as nossas decisões. Há processos conscientes e inconscientes que dirigem as nossas escolhas e, por conseguinte, a nossa vida. Isso sem falar na influência importante das emoções sobre o adoecimento físico.

A Bíblia descreve o homem como alguém constituído por uma parte que chama de "carne", que está sujeita à morte e aos desvios do pecado; uma parte que chama de "alma", que é a nossa consciência de ser; e outra que chama de "espírito", que é a nossa existência eterna.

A Bíblia nos ensina que essas partes são indissociáveis enquanto vivemos neste planeta. E, que se estiverem em desarmonia, a vida se tornará difícil e até destrutiva.

No entanto, mais do que falar sobre o que as emoções podem fazer com você, gostaria de falar sobre o que você pode fazer com elas. Gostaria de destacar que as emoções não são trens descarrilados que observamos atônitos para ver onde vão parar. Não são forças impetuosas contra as quais a vontade não tem qualquer poder. As emoções tampouco surgem do nada, assim como não somem do nada.

As emoções são rebentos que nascem do solo que foi semeado por uma série de experiências internas e externas, mas cultivado por nós. É possível nutrir "raízes de amargura", por exemplo. E elas vão crescer como ervas daninhas, tomando conta de todo o solo. Assim como é possível cortar essas ervas para dar espaço a raízes produtivas e frutíferas.

O desafio de todo homem, no que se refere ao cultivo das emoções, é como fazê-lo. Existe algum manual de "jardinagem emocional"? Como podemos saber, já pelas primeiras ramagens, qual é a natureza de um ramo? E como cultivar bem os sentimentos que são mais produtivos e que darão frutos para alimentar e deliciar a mim e as pessoas ao meu redor?

Jesus é esse manual. A própria pessoa de Jesus nos ensina tudo sobre como lidar com as nossas emoções. Ele é quem nos toma pela mão e nos ajuda a cortar o que precisa ser cortado; arrancar o que precisa ser arrancado; podar o que precisa crescer; nutrir, regar e, especialmente, distribuir os frutos para abençoar outros.

Famílias que funcionam

É curioso como a Bíblia não nos apresenta nenhuma família perfeita. A família perfeita veiculada pelos comerciais, que se reúne sorridente à mesa do café da manhã num dia ensolarado, não é uma constante na história da humanidade. Isso é libertador para muitos de nós. Mas também levanta uma questão: É possível ter uma família que funcione?

A Bíblia nos diz que sim. É impossível ter uma família perfeita com pessoas imperfeitas. Mas é completamente possível ter uma família que funcione, porque Jesus nos ensina que onde há falhas há espaço para o perdão. E assim funcionam todos os relacionamentos cristãos.

Os cristãos têm o perdão como pressuposto. Não quero dizer que eu vá perdoar você depois de você me pedir perdão. Eu vou perdoar você antes de qualquer coisa. Portanto, quando você me ofender, a nossa relação não vai se romper. Porque eu sei que em algum momento ou você vai me machucar ou eu vou machucar você. Então, o perdão entra antes que o vínculo se quebre, sustentando a nossa relação.

Da mesma forma, o cristão busca dominar a si mesmo e a ninguém mais. Não tentamos controlar uns aos outros. Quando fazemos isso, o perdão entra reestabelecendo a nossa confiança; confiança que se dá entre iguais, ainda que com funções diferentes.

Isso tudo é manifestação do amor entre nós. Uma família funcional é uma família na qual o amor não é interrompido. Os desentendimentos e as tentativas de controle cessam o amor. Mas a família que tem Jesus como fonte de inspiração tira os entraves, para que o amor não seja interrompido entre seus integrantes. E isso não é difícil, porque toda alma anseia por esse amor que flui entre as pessoas.

A única coisa indispensável é que Jesus seja a nossa fonte de inspiração e de satisfação. Se o meu cônjuge ou os meus filhos forem a minha fonte de satisfação, eu viverei insatisfeito porque tentarei controlá-los e viver em função deles. Se a minha fonte de satisfação for o trabalho ou qualquer outra coisa deste mundo, a minha alegria estará fadada ao fracasso.

Mas, quando Jesus é a fonte, todas as minhas relações são curadas, e as dobras da minha alma vão sendo desfeitas para que o amor não pare de fluir através de mim e, por consequência, através da minha família.

Vivendo em comunidade

O grande John Stott falava que há apenas três problemas que a humanidade enfrenta por trás de toda busca e todo anseio. Reflita comigo:

O primeiro é descobrir o sentido das coisas e o próprio sentido da vida. A nossa existência sempre nos leva a questionar qual é o significado disso tudo. E a falta dessa resposta gera grande angústia.

O segundo problema é o que fazer com as riquezas que o mundo oferece. Grande parte do esforço das nações está em descobrir como extrair riquezas, transportá-las, multiplicá-las e distribuí-las. Mas ainda não conseguimos nem sequer acabar com a pobreza. Dados da Oxfam revelam que a renda líquida obtida em 2012 pelas 100 pessoas mais ricas do mundo (cerca de 240 bilhões de dólares) poderia acabar quatro vezes com a extrema pobreza no planeta.

O terceiro problema é como fazemos para viver juntos. E esse problema tem raízes profundas. Começou quando o homem desobedeceu a Deus no jardim do Éden. Dali em diante, homem e mulher experimentaram uma sensação de insegurança e ameaça que os fez se distanciar. E o que era para ser uma relação de cooperação se tornou de competição.

Essa relação se estabelece entre todos nós. Estamos sempre medindo quanto podemos confiar, quanto devemos nos entregar, expor, ou quais são as intenções do outro. Será que ele está tentando tirar proveito de mim? Será que vai me passar para trás? O que será que ele tem a me oferecer? Quais benefícios posso tirar da nossa relação? Afinal, será que isso é mesmo amor, ou é egoísmo? Ou será que todo amor é egoísmo?

Toda essa confusão acontece porque o nosso "tanque" de amor é limitado (e furado!). Quando os nossos recursos são limitados, temos realmente de calcular onde vamos investi-los, porque não podemos arriscar ficar sem amor à beira da estrada. Ainda mais com um tanque furado. Estamos sempre correndo do prejuízo; por isso, quando achamos que estamos indo bem, vemos o ponteiro caindo.

A única solução para pôr fim a essa disputa é encontrar uma fonte de amor afluente para dar conta de nos saciar e que nos permita amar sem limites. O que põe fim à rivalidade entre os homens é Jesus, fonte de amor inesgotável e acessível a todo aquele que desejar.

Este é o nosso alvo: Todo ser humano mais do que satisfeito em Cristo. Assim, recuperamos a unidade que o ser humano deveria experimentar desde que foi criado. Assim, podemos viver juntos com um mesmo espírito, participantes de uma mesma família.

Gente normal – até de perto

Aprendemos na escola que normal não é o mesmo que comum. Comum é o que existe por todas as partes; qualquer coisa fácil de encontrar ou banal. Não é o nosso caso. Somos gente normal. E normal pressupõe alguma noção de certo e errado, porque normal é o que está dentro da norma. Mas o que é certo ou errado num mundo relativo como o nosso? Há, por acaso, um jeito certo de viver? O que é ser normal? E o que é ser gente?

Bom, posso começar dizendo que não é normal achar que os outros são inferiores a você. Não é normal usar pessoas como se fossem objetos. Não é normal ver alguém passar necessidade e simplesmente achar que a responsabilidade é de outra pessoa. Não é normal manipular a verdade, por qualquer motivo que seja, e ainda pior se usar de uma pretensa religiosidade para justificar isso. Não é normal sentir culpa. Não é normal sentir medo. Nem a morte é normal! A morte, conforme escreveu um teólogo anglicano, é "uma intromissão estranha na história".

A chegada de Jesus revela o que Deus tinha em mente quando criou a humanidade, ao mesmo tempo que revela exatamente quem Ele é em Seu caráter e Sua maneira de se relacionar conosco. Como definiram alguns teólogos, Jesus é Deus como Ele é, e o homem como deveria ser. Seu convite é para que sejamos como Ele. A oferta é uma vida de satisfação eterna.

Isso pode soar estranho, mas o normal mesmo é ser feliz. Normal é estar sempre satisfeito. Normal é não ser vencido pela morte. Jesus falou: "'Aquele que crê em mim, ainda que morra, viverá'" (João 11.25)!

Creia! Por mais louco que pareça, essa é a normalidade. O anormal é a morte ter a última palavra sobre a vida. Em todos os sentidos. Pois, por causa da morte, as pessoas se movem com base no medo, buscando distração, entretenimento, segurança ou patrimônio que garanta bons médicos, porque a morte é apavorante. O normal é matar esse velho homem hoje mesmo e passar a viver por outro princípio, renascido em Jesus.

Somos uma comunidade de gente normal. Gente que rejeita a religiosidade e todo esforço humano de alcançar Deus para aceitar o Deus que veio por nosso resgate gratuitamente. Gente que foi encontrada por Jesus em algum momento da vida e que decidiu ir para o mesmo lugar que Ele; que queria ser igual a Ele e ter sua sede saciada para sempre.

A nossa normalidade é Cristo: a maior loucura que o mundo já conheceu. O bebê que fadou os poderosos ao desespero. O homem que subiu à cruz por amor à humanidade. O Deus que Se esvaziou para habitar o coração de quem clamar por Seu nome.

Saiba o que significa ser gente de verdade. Experimente a normalidade!

A FELICIDADE DE ESTAR NA DIREÇÃO CERTA

Boa parte dos aconselhamentos que fazemos como pastores segue um mesmo padrão. Ouvimos muitas pessoas em situação de angústia, e quase todas as perguntas se traduziriam por: "Dói assim mesmo?" "Isso é ser humano?" "Era pra ser desse jeito?" "É difícil assim pra todo mundo?". Essas falas geralmente vêm acompanhadas de escassez de significado, missão e transcendência. Essa escassez, quando não deprime ou imobiliza, leva as pessoas a buscar uma mudança.

Mas são tantos os caminhos, tanta gente nos usando e abusando, tanta gente prometendo, tantas verdades surgindo como absolutas, que fica difícil decidir o que é bom. Até que surge um homem, que escapa a todos os padrões, que não atende a nenhuma das exigências da vida moderna e diz sobre si mesmo: "'Eu sou o caminho, a verdade e a vida'" (João 14.6).

Não bastasse esse absolutismo, Jesus se propõe a ser, Ele próprio, fonte de satisfação para quem quiser, rejeitando as fontes de satisfação que a humanidade conhece. Parafraseando, ele diz: Quem quiser se saciar nessas fontes, logo terá sede de novo. Mas quem tomar da água que eu lhe der, nunca mais terá sede. Ao contrário, a água que eu dou promove uma satisfação tão plena que aquele que a aceita sente vontade de satisfazer a sede de outros.

Isso disse a uma mulher que, depois de cinco casamentos fracassados, tentava ser feliz em outro relacionamento, dessa vez sem o compromisso de um casamento. E é mesmo impressionante como a busca pela felicidade é geralmente marcada por uma trajetória de fracassos, porque é sempre egoísta e motivada pela insatisfação. Essa "busca" funciona mais como disfarce para a grande fuga dos fracassos que se acumulam na nossa história. E ninguém que caminha buscando, ou fugindo, vive feliz. Porque a felicidade é justamente o caminho. É estar no Caminho.

Esse homem, Jesus, estava propondo uma inversão na nossa relação com a vida. Ele propõe que o ponto de partida seja a plenitude, não a escassez. De forma que você não saia da cama antes de estar satisfeito. Porque Jesus em nós é a felicidade. Jesus em nós é o caminho para experimentar abundância de significado, missão e transcendência. Todos que experimentam esse Caminho se dispõem ao serviço de Deus para ser, eles mesmos, caminho do amor de Deus para alcançar todo homem, em todo lugar, a começar pelo que está ao lado.

Isso para mim é absolutamente fascinante. Mas, se isso tudo parece muito diferente no seu modo de ver, convido você a experimentar esse Caminho. Queremos ser parceiros de caminhada na nossa comunidade. Conte comigo e com cada um de nós!

Vida "In": a vida de dentro para fora

Gosto sempre de pensar em siglas e expressões que sejam objetivas, desde que expressem mudanças e conceitos revolucionários. A expressão "Vida In" é uma dessas.

Tudo que você vai ler e conhecer nesta revista revela a realidade de uma "Vida In" e abre caminhos para que você também seja "In". Vou resumir com três palavras o que isso significa. Dizer que você tem uma "Vida In" revela que a sua vida é:

INspirada: Uma vida que encontrou a razão de viver e o significado da existência. Uma vida inspirada não é uma vida isenta de problemas, tribulações ou imprevistos, mas, sim, uma vida que está ligada à fonte onde as emoções são restauradas, a sede da alma é saciada e os medos são dissipados com a segurança de ter um caminho seguro para percorrer. Uma vida inspirada é uma vida na qual o "mundo exterior" é coerente com o mundo interior, de onde fluem rios de paz e amor. É uma vida inspirada por Jesus, a fonte de toda vida.

INclusiva: Uma vida em que a diferença é respeitada, aceita e compreendida. Vida na qual os braços estão abertos para acolher, o coração disposto a perdoar, a mente disposta a crescer, construir e reconstruir. É uma vida que entendeu que sua jornada é curta e não quer, diante dessa realidade, ser pequena. Uma vida que enxerga o mundo a partir de um local e compreende o papel de ser um instrumento de transformação e crescimento de todos. É uma vida com uma missão!

INtensa: Uma vida que está sempre em movimento. Uma vida que entende que as dificuldades são oportunidades e encara cada obstáculo como degrau de crescimento pessoal a ser vencido. Uma vida que vive um dia de cada vez, dá um passo de cada vez e não desiste de prosseguir. É uma vida que busca a felicidade plena, pois já sabe onde a encontrar. É uma vida que celebra aquilo que achou e recupera aquilo que perdeu ao longo da trajetória. É uma vida que deixa de lado a escassez e vive a abundância, por crer que tem o suficiente para viver os propósitos de Deus para sua vida.

Convido você a viver uma "Vida In". Uma das maiores alegrias da minha existência é ver pessoas vivendo assim. Se precisar de ajuda, estou à disposição! Bem-vindo à "Vida In"!

TEMPO DE OPORTUNIDADES

Gosto de observar os fatos, perceber os movimentos de pessoas, olhar as tendências do nosso mundo em diversas situações e buscar entendimento e significado para o que vejo. Percebo que muita coisa vai, volta e se transforma com o tempo. E, como está escrito no livro de Eclesiastes: "Há um tempo certo para tudo" (cf. cap. 3). Quando falo de tempo, refiro-me ao *chronos*, mas também ao *kairos*. Os dias contados em horas, semanas, meses e anos (*chronos*) trazem seus momentos e revelam oportunidades, dificuldades e uma sequência quase natural de eventos. Mas os dias do ponto de vista do *kairos* mostram a ação de Deus na história e na humanidade.

Vivemos hoje um novo *kairos*, isto é, um novo tempo de Deus para a nossa comunidade! É tempo de ouvir a voz de Deus como nunca antes, vivendo cada dia em Sua dependência. Só Jesus é capaz de nos sustentar, nos trazer até aqui e nos conduzir durante a nossa existência até chegarmos à eternidade.

É tempo de olhar para dentro da nossa alma, identificar as dobras que ela tem sem medir esforços para eliminar, passo a passo, um dia de cada vez, tudo que a contamina, a fim de vivermos uma vida livre, limpa e leve. Jesus veio ao mundo para nos dar vida plena. Não nos contentemos com menos.

É tempo de levantar os olhos, ver os campos prontos para a colheita e permitir que Deus nos use como Ele quer, onde Ele quer, com o que somos e o que temos. A missão de transformar o mundo é de Deus; o mesmo que formou esta comunidade para nos convidar a nos engajar em Sua missão.

É tempo de agradecer tudo o que temos recebido e reconhecer que tudo vem das mãos do Pai. E, como resposta por nossa gratidão, é tempo de consagrar a Ele os nossos dons, bens e talentos, vivendo para sua glória!

A mudança de prédio, a vitória da reforma rápida e tranquila que tivemos, os espaços confortáveis, a disponibilidade dos que servem, a liberdade de anunciar o evangelho, tudo isso aconteceu dentro do *chronos* para que vivamos um novo *kairos*!

A estrada é a mesma! A Fonte de inspiração é a mesma! A missão é a mais nobre e continuará sendo a missão de Deus. Entretanto, você e eu não seremos os mesmos neste novo tempo de Deus para nós.

Conto com você para continuarmos caminhando e construindo juntos!

O AMOR EM AÇÃO

Existe amor sem ação?

Não. E é bom que se explique, porque há tanta confusão. O amor não é um sentimento ou uma emoção. O amor sempre se concretiza em ação. Se ficar só na emoção, pode ser uma admiração, um afeto, mas certamente não é amor.

Pode até ser que a ação seja discreta como, por exemplo, a paciência, o silêncio. São movimentos muito discretos que normalmente não são lidos como amor. Mas, dependendo da situação, a maneira de amar alguém é estar calado ou suportar pacientemente alguma circunstância.

Até onde o amor deve chegar? Quem temos de amar?

Devemos amar o mundo todo. O Senhor Jesus diz que devemos amar até mesmo o nosso inimigo – que, certamente, ocupa o fim da lista de todos os que conhecemos. Então, devemos amar todas as pessoas. Na verdade, poderíamos até perguntar: "Quem não devemos amar?" E a resposta seria "ninguém". Todos são objeto do amor de Deus e, por conseguinte, devem ser do nosso.

Ao mesmo tempo, devemos amar o que está próximo de nós. Deus nos escolheu para sermos ramos, canais de seu amor que expressem esse amor de quem somos próximos.

Quando um homem perguntou a Jesus quem era seu "próximo", Jesus respondeu esclarecendo que é qualquer pessoa que está próxima de outra. Deus me põe próximo de quem Ele quer que eu ame.

Amar implica respeitar quando alguém impõe um limite para o nosso amor. Se a pessoa não quer ser amada ou não se abre para receber amor, então há limites para expressá-lo. Ir além desse limite já seria deixar de amar.

Às vezes, falar de amor é algo muito abstrato. Quando se fala do amor em ação, de que tipo de ação se fala?

Amar alguém é trabalhar para que esse alguém tenha tudo que ele pode ser. Todos temos um potencial que só Deus conhece e enxerga. Amar é dar o necessário para que as pessoas cheguem mais perto de ser aquilo que Deus planejou que fossem. Se o necessário for a comida, o evangelho, o custo de uma faculdade, o silêncio, o tempo, então daremos o que for preciso. Isso é amor em ação. Trabalhar para que o outro cresça à estatura do que Deus planejou para ele.

A DOR DE SER HOMEM

A realidade dos homens de hoje em dia assusta. Depois da Segunda Guerra Mundial, quando a mulher teve de substituir o homem em muitas de suas funções tradicionais, o homem foi entrando em uma crise que dura até hoje. Ele só sabia desempenhar o papel de chefe de família, provedor, em geral ausente de casa, que delegava a criação dos filhos e o cuidado dos idosos à mulher.

Agora tire da descrição acima a parte de ser chefe de família e provedor. Foi nisso que o homem se tornou. Ele perdeu o pouco de significado que ainda tinha dentro de casa.

Parece que o machismo – que supostamente protegia os homens – escondeu a deterioração dos papéis mais legítimos de homem e mulher.

Hoje, pesquisas indicam que 80% das decisões de compra são feitas pelas mulheres. Cerca de 75% dos divórcios são ajuizados pelas mulheres. Em média, 31% dos lares são chefiados por mulheres. E há estados do Brasil em que esse índice sobe para cerca de 60%.

As mulheres vêm ocupando cargos de cada vez maior destaque e poder, ganhando mais dinheiro e expressando que não precisam dos homens.

É ótimo que a mulher esteja alçando voos mais altos. Mas quero tratar da angústia do homem diante dessa perda de significado. Os homens, hoje em dia, não sabem quem são, onde estão e a que vieram.

Há duas formas de responder a essa realidade. Talvez a primeira seja a mais natural aos homens e a menos apropriada. Os homens que não entendem seu papel e sua identidade masculina adotam cinco papéis típicos. O homem pode se tornar:

- Controlador: abusa de qualquer poder ou força que esteja a seu alcance para tentar subjugar a mulher que o ameaça. O que é absolutamente desgastante e perigoso para ambos.
- Destrutivo: age de forma insensata com a própria saúde, com a estabilidade das finanças ou qualquer outro recurso.
- Egoísta: age como se fosse um menino mimado que se sente preterido pela mãe. Esse comportamento, em geral, acabará se tornando insuportável para os que o cercam.
- Zangado: levado pelo medo e pela incapacidade de lidar com uma situação, se transforma em um rabugento irrecuperável, que só tem palavras de reprovação e negação.
- Impotente: já que não pode se posicionar em seu contexto, recua e deixa que alguém tome as decisões por ele. Essa situação é muito frustrante para ele próprio e para todos, mas ele prefere se calar diante de tantas incertezas e insegurança e de modelos deturpados de homens na família.

Esses comportamentos são naturais ao homem pouco viril ou não autêntico. Por não compreender o que é ser homem, está no mundo simulando uma masculinidade. Sente-se um impostor.

Para o autor americano Larry Crabb, isso começou no jardim do Éden. A grande pergunta é: Onde estava o homem quando a serpente tentou a mulher? A Bíblia fala que a mulher tomou do fruto proibido, "comeu-o e o deu a seu marido, que comeu também" (Gênesis 3.6). Então Adão estava com Eva. E, se estava ali, por que não disse nada?

O silêncio do homem foi letal para a humanidade.

Esse silêncio fez com que o homem perdesse o primeiro papel, que era (ao lado da mulher) ser uma imagem, um representante, uma lembrança de quem é Deus para toda a criação.

Esse silêncio, apesar de não significar apoio à atitude da mulher, foi a omissão necessária para que ela fizesse o que lhe parecia bem. Imagine se Deus tivesse se calado e não tivesse nos dado sua Palavra para que soubéssemos o caminho da vida.

Um homem que encontrou em Deus sua masculinidade, que tem virilidade autêntica, não silencia. Antes, busca de Deus orientação e afirma aos filhos, esposa, amigos qual é o caminho seguro. Ele pode até sentir medo, mas sabe que não está no comando, porque está submetido a Deus, por isso descansa.

O homem autêntico toma a iniciativa de, como Deus, preservar e apoiar a vida; ele escolhe levar a pancada primeiro, perdoar primeiro, sofrer primeiro em favor daqueles a quem ama. O homem autêntico não se expõe, mas confidencia a seus parceiros e mentores aquilo que lhe dói, porque sabe que sozinho morre e faz padecer os que estão a seu redor. O homem autêntico vive em paz, apesar das ameaças; vive em plena liberdade, independentemente daquilo que sente, porque entendeu de Deus sua missão e seu papel e é obediente a ele.

Deixo algumas recomendações de Salomão retiradas de Provérbios para os homens de hoje e sempre:

DEIXE A PALAVRA DE DEUS DIRIGIR OS SEUS PASSOS

"Meu filho, não se esqueça da minha lei, mas guarde no coração os meus mandamentos, pois eles prolongarão a sua vida por muitos anos e lhe darão prosperidade e paz. Que o amor e a fidelidade jamais o abandonem; prenda-os ao redor do seu pescoço, escreva-os na tábua do seu coração." (Provérbios 3.1-3)

TENHA EM JESUS A SUA FONTE DE INSPIRAÇÃO

"Confie no Senhor de todo o seu coração e não se apoie em seu próprio entendimento; reconheça o Senhor em todos os seus caminhos, e ele endireitará as suas veredas." (Provérbios 3.5,6)

Oásis

Não separe a sua fé do seu sucesso

"Honre o Senhor com todos os seus recursos e com os primeiros frutos de todas as suas plantações; os seus celeiros ficarão plenamente cheios, e os seus barris transbordarão de vinho." (Provérbios 3.9,10)

Aja sempre por princípios inegociáveis

"Meu filho, guarde consigo a sensatez e o equilíbrio, nunca os perca de vista; trarão vida a você e serão um enfeite para o seu pescoço. Então você seguirá o seu caminho em segurança, e não tropeçará; quando se deitar, não terá medo, e o seu sono será tranquilo. Não terá medo da calamidade repentina nem da ruína que atinge os ímpios, pois o **Senhor** será a sua segurança e o impedirá de cair em armadilha." (Provérbios 3.21-26)

Seja generoso e esteja sempre pronto para abençoar uma pessoa

"Quanto lhe for possível, não deixe de fazer o bem a quem dele precisa. Não diga ao seu próximo: 'Volte amanhã, e eu lhe darei algo', se pode ajudá-lo hoje." (Provérbios 3.27,28)

Por onde começar

> Os cristãos não devem ficar surpresos ou desanimados se Deus lhes der uma tarefa que parece estar além de suas capacidades.
>
> John Owen

Você está prestes a acabar esta leitura, e acredito que já percebeu que não tenho uma receita para você. Compartilhei ideias, modelos e experiências que Deus me proporcionou na construção de uma comunidade que existe para a missão dEle.

Essa comunidade é uma realidade, e esperei mais de cinco anos para compartilhar com você o que aprendi nos últimos anos. Pensei em um passo a passo que pudesse ajudá-lo a ter uma ideia de como realizar o sonho que Deus pôs no seu coração. Espero que seja útil para ajudá-lo a sonhar e agir.

Comece pelo fim

O fim de qualquer projeto é a honra de Deus e a alegria das pessoas que Ele ama. Quando vier uma ideia, um desafio ou um sonho e você entender que é de Jesus, fique alegre e descanse sabendo que Ele fará tudo que for necessário para que o sonho dEle aconteça.

Lembre-se das palavras de Jeremias 29.11-13:

> Porque sou eu que conheço os planos que tenho para vocês', diz o Senhor, 'planos de fazê-los prosperar e não de lhes causar dano, planos de dar-lhes esperança e um futuro. Então vocês clamarão a mim, virão orar a mim, e eu os ouvirei. Vocês me procurarão e me acharão quando me procurarem de todo o coração.

Quando você começa pelo fim, a fé é fortalecida, e a mente descansa para pensar e agir.

Você tem tudo o que precisa

Quem tem Jesus não tem falta de nada. Muitos líderes e pastores ainda não entenderam isso. Quando você entende que Jesus dá sonhos, dá os planos, orienta cada passo e permanece no controle de todas as coisas e em todas as circunstâncias, então você percebe que o seu trabalho é cooperar, não realizar.

Jesus enviará pessoas. Jesus dará o mapa de cada fase. Ele revelará o mapa passo a passo e suprirá cada necessidade no tempo certo. Lembre-se de que o tempo de Deus é perfeito; não atrasa nem adianta.

"O meu Deus suprirá todas as necessidades de vocês, de acordo com as suas gloriosas riquezas em Cristo Jesus" (Filipenses 4.19).

Firme os paradigmas

Quando você abraça um paradigma, ele dirige você. Não comece nada se ainda tem dúvida. Não dê passos sem ter convicção de que a direção que você está tomando é a que Jesus orientou.

Certa vez, orientei um pastor que estava plantando uma igreja, e ele decidiu revisar os paradigmas no meio da caminhada. Ao fazer isso, descobriu que os passos que estava dando o levariam para uma eclesiologia que ele não suportaria e decidiu voltar atrás. Na volta, surgiram dificuldades, e ele diminuiu a velocidade. Em uma das nossas conversas, eu o questionei se realmente ele entendia que Jesus queria que ele plantasse uma igreja e se ele estava disposto a fazer todo sacrifício para que esse projeto funcionasse bem. Ele levou um choque e reafirmou suas convicções. Foi como uma mudança instantânea de chave. Seu discurso mudou. Sua alegria voltou. Suas estratégias foram alinhadas, e hoje ele está feliz com uma comunidade em expansão.

Convicções trazem força, e a força vem da certeza de que Jesus está sorrindo para você por você estar realizando a vontade dEle.

Compartilhe sonhos e encontre seus parceiros na caminhada

Visualize, escreva e compartilhe os seus sonhos. Não se esqueça de que todas as pessoas procuram um propósito de vida e só encontram esse propósito quando se engajam em algo que vem de Jesus.

Quando Jesus nos dá um sonho, Ele já pensou em todos os detalhes e já separou as pessoas para caminhar ao nosso lado.

Nos dois primeiros anos da IBMAlphaville, dediquei boa parte do tempo tomando café e conversando com pessoas. Em cada encontro, falava do sonho. Para os que estavam começando, eu falava sobre a essência e sobre os paradigmas que estavam sendo estabelecidos. Para os que já estavam na "canoa", eu falava sobre as próximas estações, sobre a velocidade do barco e sobre planos para comprar um barco maior.

Preciso admitir e advertir você de que essa fase gera certo nível de ansiedade, fruto da vontade de que as pessoas se acheguem logo e de que o projeto comece a crescer.

Quando passei por isso, ouvi a voz de Jesus, que me pedia para descansar, pois Ele já havia separado as pessoas que fariam parte da nossa comunidade. O nosso trabalho é não atrapalhar e celebrar por toda pessoa que chegar. Essa voz veio e foi um alívio para mim. Conto essa história até hoje e continuo celebrando a cada pessoa que vem para a nossa comunidade.

Deus tem um plano para a sua vida e tem as pessoas para caminhar com você a fim de realizar esses sonhos. Faça a sua parte: lance as sementes, compartilhe-a com outras pessoas, descanse em Jesus e espere o tempo da colheita.

Pé na estrada

Quando a visão e os paradigmas estão definidos, e o coração está descansando nas mãos de Jesus, então você está pronto para começar. Coloque o pé na estrada.

O mundo precisa de igrejas que levem a mensagem da cruz de uma maneira simples, contextualizada e profunda. Vejo isso acontecendo. Deus está se movendo no mundo. O Brasil precisa de mais igrejas comprometidas com Jesus. O mundo precisa de pessoas dispostas a plantar igrejas que entendam a mente pós-moderna, que estabeleçam um relacionamento de amor e que interpretem o evangelho de Jesus neste contexto.

Sonhe grande, comece pequeno e ande rápido, porque não há tempo a perder. Jesus está voltando e quer usar a sua vida para resgatar pessoas!

Leituras que influenciam

BAKER, John. *Celebrando a recuperação*: guia do participante partes I a IV. Barueri: Sociedade Bíblica do Brasil, 2014.

BARBOSA, Ricardo. *Conversas no caminho*. Curitiba: Encontro, 2008.

BARBOSA, Ricardo. *Identidade perdida*. Curitiba: Encontro, 2012.

BARBOSA, Ricardo. *Janelas para a vida:* resgatando a espiritualidade do cotidiano. Curitiba: Encontro, 2008.

BARCELOS, Carlos. *É dolorido ser eu:* caminhos para a recuperação de filhos de famílias disfuncionais. Barueri: Alpha Conteúdos, 2014.

BARCELOS, Carlos. *Quero meu filho de volta*. Barueri: Alpha Conteúdos, 2010.

BARCELOS, Carlos. *Quero minha vida de volta*. Barueri: Alpha Conteúdos, 2010.

BAUMAN, Zygmunt. *44 cartas do mundo líquido moderno*. Rio de Janeiro: Zahar, 2011.

BAUMAN, Zygmunt. *Amor líquido:* sobre a fragilidade dos laços humanos. Rio de Janeiro: Zahar, 2004.

BAUMAN, Zygmunt. *Tempos líquidos*. Rio de Janeiro: Zahar, 2007.

BELL, Rob. *Repintando a igreja:* uma visão contemporânea. São Paulo: Vida, 2008.

BOFF, Leonardo. *Ecologia, mundialização, espiritualidade*. Rio de Janeiro: Record, 2008.

CARSON, D. A.; KELLER, Timothy. *O evangelho no centro:* renovando nossa fé e reformando nossa prática ministerial. São José dos Campos: Fiel, 2013.

CORTELLA, Mario Sergio. *Qual é a tua obra?* Inquietações propositivas sobre gestão, liderança e ética. Petrópolis: Vozes, 2012.

GOHEEN, Michael W. *A igreja missional na Bíblia:* luz para as nações. São Paulo: Vida Nova, 2014.

KELLER, Timothy. *Igreja centrada:* desenvolvendo em sua cidade um ministério equilibrado e centrado no evangelho. São Paulo: Vida Nova, 2014.

KIMBALL, Dan. *A igreja emergente:* cristianismo clássico para as novas gerações. São Paulo: Vida, 2008.

MCCORD, Carlos. *A vida que satisfaz*. São José dos Campos: Ministério Permanecer, 2010.

MCLAREN, Brian D. *Uma ortodoxia generosa:* a igreja em tempos de pós-modernidade. Brasília: Palavra, 2007.

MCMANUS, Erwin Raphael. *Uma força em movimento:* a espiritualidade que transforma a cultura. São Paulo: Garimpo, 2009.

MURRAY, Andrew. *Permanecei em Cristo*. Belo Horizonte: Edições Tesouro Aberto, 2007.

NOUWEN, Henri. *A formação espiritual:* seguindo os movimentos do Espírito. Petrópolis: Vozes, 2012.

NOUWEN, Henri; RODERIK, Philip. *Conversa espiritual:* uma introdução ao pensamento e à espiritualidade cristã de um dos maiores mestres espirituais de nosso tempo. Brasília: Palavra, 2009.

STANLEY, Andy. *O líder da próxima geração:* qualidades de liderança que definirão o futuro. São Paulo: Vida, 2008.

STEARNS, Richard. *A grande lacuna:* a omissão que compromete a missão. São Paulo: Garimpo, 2010.

SWEET, Leonard. *A Igreja na cultura emergente:* cinco pontos de vista. São Paulo: Editora Vida, 2009.

SWEET, Leonard. *Peregrino do novo século:* a paixão do primeiro século para o mundo contemporâneo. São Paulo: Garimpo, 2010.

SWEET, Leonard. *Manifesto Jesus*. São Paulo: Garimpo, 2015.